배우기만 하고 생각하지 않으면 얻는 것이 없고,
생각만 하고 배우지 않으면 위태롭다. - 공자

사랑하는

님께 드립니다

喜 怒 哀 樂

기쁠 **희** / xǐ 　 성낼 **노** / nù 　 슬플 **애** / āi 　 즐길 **락** / lè

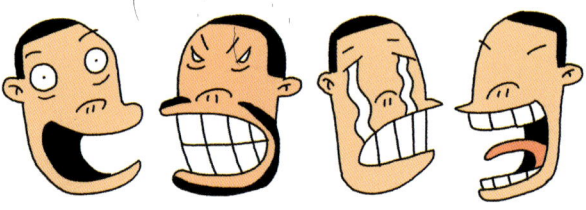

기쁨과 노여움, 슬픔과 즐거움이라는 뜻으로, 곧 사람의 여러 가지 감정을 이르는 말

사자성어(四字成語)

초판 1쇄 인쇄 2017년 2월 20일
초판 1쇄 발행 2017년 3월 6일

펴낸이 | 윤순식
그 림 | 서재형
감 수 | 안해옥(열방중국어학원 원장)
펴낸곳 | 도서출판 청우
주문처 | 열린유통

등록번호 | 제8-63호
주소 | 경기도 고양시 일산동구 장대길 93-1 (장항동 573-28)
전화 | 031-906-0011
팩스 | 0505-365-0011
cwpub@hanmail.net

값 : 12,000원
ISBN 978-89-94846-37-8

興亡盛衰

일 **흥**
xīng

망할 **망**
wáng

성할 **성**
shèng

쇠할 **쇠**
shuāi

흥하고 망하고
성하고 쇠하는 일을
이르는 말

苛 斂 誅 求

가혹할 **가** kē   거둘 **렴** liǎn   벨 **주** zhū   구할 **구** qiú

세금을 가혹하게 거두거나 백성의 재물을 억지로 **빼앗음**

黑 白 論 理

검을 **흑** / hēi   흰 **백** / bái   논할 **논** / lùn   다스릴 **리** / lǐ

모든 문제를 흑
아니면 백,
두 가지로만
구분하고 그 이외의
것을 인정하지
않는 논리

家和萬事成

집 **가**	화목할 **화**	일만 **만**	일 **사**	이룰성 **성**
jiā	hé	wàn	shì	chéng

집안이 화목하면
모든 일이 잘
된다는 뜻

凶 惡 無 道

흉할 **흉** xiōng   악할 **악** è   없을 **무** wú   길 **도** dào

성질이 거칠고
사나우며 도덕적
의리를 소중히
여기는 마음이 없음

刻 骨 難 忘

새길 **각** / kè
뼈 **골** / gǔ
어려울 **난** / nán
잊을 **망** / wàng

흥부님 이 은혜 절대 잊지 않을게요!

건강 조심하구 잘가~

남에게 입은 은혜가
뼈에 새겨질 만큼
커서 잊혀 지지 않음

後悔莫及

뒤 **후**	뉘우칠 **회**	없을 **막**	미칠 **급**
hòu	huǐ	mò	jí

마누라와 내기를 하는 것이 아니었는데! 돈 뺏기고, 설겆이 하고 흑!흑!

일이 잘못된 뒤라 아무리 뉘우쳐도 어찌할 수 없음을 이르는 말

感 慨 無 量

느낄 **감** gǎn   슬퍼할 **개** kǎi   없을 **무** wú   헤아릴 **량** liàng

마음속에서 느끼는
감동이나 느낌이
끝이 없음을
이르는 뜻

甘言利說

달 **감** gān   말씀 **언** yán   이할 **이** lì   말씀 **설** shuō

남의 비위에 맞도록
달콤한 조건을
내세워 남을 꾀는 말

橫說竪說

가로 **횡**	말씀 **설**	세울 **수**	말씀 **설**
héng	shuō	shù	shuō

어~헝
우렁각시야~
사랑해

말을 이렇게
했다가 저렇게
했다가, 두서없이
아무렇게나
떠드는 것

感 之 德 之

느낄 **감** gǎn   갈 **지** zhī   큰 **덕** dé   갈 **지** zhī

형수님
이정도 주셔도
감지덕지여유
반대쪽도
때려주셔유!

흥부

어라!

놀부처

매우 고맙고
감사하게 여기고
이를 덕으로
생각한다는 뜻

會 者 定 離

모일 **회** hui   놈 **자** zhě   정할 **정** dìng   떠날 **리** lí

만나면 언젠가는 헤어지게 된다는 뜻으로, 이별의 아쉬움을 일컫는 말

甲 論 乙 駁

- 갑옷 **갑** jiǎ
- 논할 **론** lùn
- 새 **을** yǐ
- 논박할 **박** bó

여러 사람이 서로 자신의 주장을 내세우며 상대편의 주장을 반박함

荒唐無稽

거칠 **황** huāng 당나라 **당** táng 없을 **무** wú 상고할 **계** jī

말이나 행동이 터무니없고 근거가 없음을 이르는 말

强迫觀念

| 강할 **강** | 손뼉칠 **박** | 볼 **관** | 생각 **념** |
| qiǎng | pò | guān | niàn |

버둥 버둥

마음속에서 떨쳐 버리려 해도 떠나지 않는 억눌린 생각

惶 恐 無 地

두려울 **황** / huáng 두려울 **공** / kǒng 없을 **무** / wú 땅 **지** / dì

임금님이 보고 계시니 어쩔줄을 모르겠네~ 아이 부끄 부끄~

어~험 경망스럽도다!

위엄이나 지위 따위에 눌리어 두려워서 몸 둘 바를 모름

改過遷善

고칠 **개**	지날 **과**	옮길 **천**	착할 **선**
gǎi	guò	qiān	shàn

지난날의 잘못이나
허물을 뉘우치고
고쳐 올바르고
착하게 됨

凱 旋 將 軍

개선할 **개**   돌 **선**   장수 **장**   군사 **군**
kǎi   xuán   jiāng   jūn

싸움에서 이기고
돌아온 장군,
또는 어떤 일에
크게 성공한 사람을
비유하는 말

確 固 不 動

굳을 **확** què 굳을 **고** gù 아닐 **부** bú 움직일 **동** dòng

내 눈에 흙이 들어가기 전에는 절대 안돼! 음식가지고 장난치면 안된다고 했지!

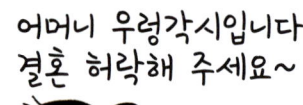
어머니 우렁각시입니다. 결혼 허락해 주세요~

튼튼하고 확고하여 흔들리거나 움직이지 아니함을 이르는 말

去 頭 截 尾

갈 **거** / qù   머리 **두** / tóu   끊을 **절** / jié   꼬리 **미** / wěi

머리와 꼬리를 잘라버린다는 뜻으로, 앞뒤를 생략하고 본론으로 들어감

花無十日紅

꽃 **화**	없을 **무**	열 **십**	날 **일**	붉을 **홍**
huā	wú	shí	rì	hóng

열흘 붉은 꽃이
없다는 뜻으로,
한번 성한 것이
얼마 못 가서 반드시
쇠하여짐을 이름

隔 世 之 感

사이뜰 **격** gé   인간 **세** shì   갈 **지** zhī   느낄 **감** gǎn

아니 그 꼬맹이가 벌서 이렇게 큰거야?

오래지 않은 동안에
몰라보게 변하여
아주 다른 세상이
된 것 같은 느낌

畫 龍 點 睛

그림 **화**	용 **룡**	점 **점**	눈동자 **정**
huà	lóng	diǎn	jīng

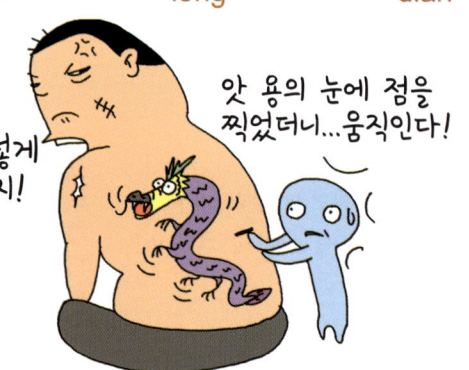

등이 왜 이렇게 근질근질하지!

앗 용의 눈에 점을 찍었더니...움직인다!

무슨 일을 하는 데에 가장 중요한 부분을 완성함을 비유적으로 이르는 말

牽 强 附 會

끌 **견** qiān　　강할 **강** qiǎng　　붙을 **부** fù　　모일 **회** huì

내 집으로 넘어 왔으니 이건 내꺼야!

이치에 맞지 않는 말을 억지로 끌어 붙여 자기에게 유리하게 함

弘 益 人 間

클 **홍** hóng   더할 **익** yì   사람 **인** rén   간 **간** jiān

널리 인간 세계를 이롭게 한다는 뜻으로, 고조선의 건국이념

見 物 生 心

볼 **견** / jiàn　　물건 **물** / wù　　날 **생** / shēng　　마음 **심** / xīn

맛있겠다 야~옹

물건을 보면
그것을 가지고
싶은 욕심이
생긴다는 뜻

昏 定 晨 省

어두울 **혼** hūn   정할 **정** dìng   새벽 **신** chén   살필 **성** xǐng

아부지 자리 펴놓았습니다!

OK 거기까지~

저녁에는 잠자리를 봐드리고 아침에 문안을 드린다는 뜻으로, 자식이 부모를 잘 모심

結者解之

맺을 **결** jié   놈 **자** zhě   풀 **해** jiě   갈 **지** zhī

야! 이 놈의 자슥 어딜 도망가려고!

일을 저지른 사람이 그 일을 해결해야 한다는 뜻

渾 然 一 體

혼 연 일 체
hún   rán   yī   tǐ

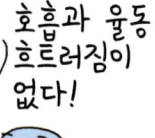

런 슬립~
그렇치! 지루박
고고~

호흡과 율동
흐트러짐이
없다!

사람들의 생각,
행동, 의지 등이
조금도 차이 없이
완전히 하나가 됨

結草報恩

맺을 **결** jié   풀 **초** cǎo   갚을 **보** bào   은혜 **은** ēn

풀을 묶어 은혜를 갚는다는 뜻으로, 죽어서 혼이 되어도 입은 은혜를 잊지 않고 갚음

魂 飛 魄 散

넋 **혼** / hún   날 **비** / fēi   넋 **백** / pò   흩을 **산** / sàn

넋이 날아가고
흩어진다는 뜻으로,
몹시 놀라 어찌할
바를 모름

輕擧妄動

가벼울 **경** qīng | 들 **거** jǔ | 망령될 **망** wàng | 움직일 **동** dòng

도리나 사정을 생각지 않고 경솔하고 가벼이 행동함

惑 世 誣 民

| 미혹할 **혹** | 인간 **세** | 속일 **무** | 백성 **민** |
| huò | shì | wū | mín |

내 눈을 봐!
그렇지~ 이제 너희 둘은
내 부하가 된다

세상을 어지럽히고
백성을 미혹하게
하여 속이는 것

經世濟民

지날 **경**	인간 **세**	건널 **제**	백성 **민**
jīng	shì	jì	mín

임금님 덕분이옵니다!

농사는 잘되고?

세상을 잘 다스리고 백성을 구제한다는 뜻

好 衣 好 食

좋을 **호** hǎo   옷 **의** yī   좋을 **호** hǎo   먹을 **식** shí

맛이 별로군! 뭐 색다른 것은 없나?

좋은 옷을 입고
좋은 음식을
먹는다는 뜻

敬 天 愛 人

공경 **경** jìng 하늘 **천** tiān 사랑 **애** ài 사람 **인** rén

하늘을 공경하고
사람을 사랑함을
이르는 말

浩 然 之 氣

넓을 **호** hào   그럴 **연** rán   갈 **지** zhī   기운 **기** qì

기지개가 아니라 몸 안에 있는 기를 더욱 크게 키우는 거야!

으라차차!

흡~

하늘과 땅 사이에 가득 찬 넓고 큰 원기 또는 거침없이 넓고 큰 기개

鷄卵有骨

닭 **계** jī   알 **란** luǎn   있을 **유** yǒu   뼈 **골** gǔ

나를 생각해 주신 전하의 은혜는 감사한데 계란이 썩어서 못먹네!!

계란에도 뼈가 있다는 속담으로, 운수 나쁜 사람은 좋은 기회를 만나도 덕을 못 본다는 뜻

豪 言 壯 談

| 호걸 **호** | 말씀 **언** | 장할 **장** | 말씀 **담** |
| háo | yán | zhuàng | tán |

분수에 맞지 않는 말을 큰소리로 자신 있게 말함

鷄肋

닭 **계** 갈빗대 **륵**
jī　　　lèi

이걸 먹어! 말어!

닭의 갈빗대라는 뜻으로, 먹기에는 맛없고 버리기에는 아까워 이도저도 못하는 형편을 말함

虎 視 耽 耽

범 **호**	볼 **시**	노려볼 **탐**	노려볼 **탐**
hǔ	shì	dān	dān

호랑이가 먹이를 노린다는 뜻으로, 남의 것을 빼앗기 위해 형세를 살피며 기회를 엿봄

孤 軍 奮 鬪

외로울 **고** gū   군사 **군** jūn   떨칠 **분** fèn   싸움 **투** dòu

내가 기필코 해내겠어!

남의 도움을 받지 아니하고 힘에 벅찬 일을 잘해 나가는 것을 비유적으로 이르는 말

好事多魔

호 hǎo · 사 shì · 다 duō · 마 mó

어쩐지 좋은 일만 생긴다 했다!
돌아갈 수도 없고 어떻게 해야되지?

좋은 일에는 방해가 되는 일이 많음을 이르는 말

高聲放歌

 높을 **고** gāo
 소리 **성** shēng
 놓을 **방** fàng
 노래 **가** gē

니들이 뭘 알어?
니들이 나에 대해
뭘 아냐고오!

술에 취하여
거리에서 큰 소리를
지르거나 노래를
부르는 짓

糊口之策

풀칠할 **호** hú　　입 **구** kǒu　　갈 **지** zhī　　꾀 **책** cè

입에 풀칠한다는 뜻으로, 가난한 살림에서 그저 겨우 먹고 살아가는 방책

苦 肉 之 策

쓸 **고** kǔ   고기 **육** ròu   갈 **지** zhī   꾀 **책** cè

오물 때문에 하이힐을 신었더니 발이 너무 아파!

자기 몸을 상해 가면서까지 꾸며 내는 계책이라는 뜻으로 어려운 상태를 벗어나기 위해 어쩔 수 없이 꾸며내는 계책

狐 假 虎 威

여우 **호** / hú   거짓 **가** / jiǎ   범 **호** / hǔ   위엄 **위** / wēi

여우가 호랑이의 위세를 빌려 호기를 부린다는 뜻으로, 남의 세력을 빌어 위세를 부림

苦 盡 甘 來

쓸 **고** / kǔ   다할 **진** / jīn   달 **감** / gān   올 **래** / lái

내 촉이 맞았다니깐! 고생한 보람이 있었어!

'쓴 것이 다하면 단 것이 온다'는 뜻으로, 고생 끝에 낙이 온다는 말

互角之勢

서로 **호**	뿔 **각**	갈 **지**	형세 **세**
hù	jiǎo	zhī	shì

뒤에서 1, 2등이 서로 답 맞춰보고 좋아한다!

우~와 맞았어!

서로 조금도 낫고 못함이 없는, 비슷비슷한 위세

行 不 無 得

다닐 **행** / xíng 아닐 **불** / bù 없을 **무** / wú 얻을 **득** / dé

자고로 일하지 않은 자 먹지도 말라 했거늘!

아고!

행함이 없으면
얻는 게 없다는
뜻으로 반드시
일한 만큼 대가가
주어진다는 말

形 形 色 色

모양 **형** xíng   모양 **형** xíng   빛 **색** sè   빛 **색** sè

모양이나 종류가 서로 다른 여러 가지를 가리키는 말

公 明 正 大

공평할 **공** gōng　　밝을 **명** míng　　바를 **정** zhèng　　큰 **대** dà

이래야 공평하지! 왜 꼽냐? 꼬우면 팔이 짧으시든가!

그래 팔 긴 내가 이해하마!

마음이 공평하고 사사로움이 없으며 밝고 큼

螢雪之功

반딧불 **형**	눈 **설**	갈 **지**	공 **공**
yíng	xuě	zhī	gōng

가난한 사람이
반딧불과 흰눈
빛으로 글을
읽어가며 고생
속에서 공부함을
일컫는 말

公平無私

공평할 **공** gōng　　평평할 **평** píng　　없을 **무** wú　　사사로울 **사** sī

어느 쪽에도
치우치지 않아
공평하고
사사로움이 없음

血 脈 相 通

피 **혈** / xuě   줄기 **맥** / mài   서로 **상** / xiāng   통할 **통** / tōng

어떻게 내 마음을 잘알죠? 아버지 최고!

아들 치킨에 피자 어때?

핏줄이 서로 통한다는 말로, 곧 혈육의 관계에 있음과 또는 서로 잘 조화됨을 이르는 말

誇大妄想

 자랑할 **과** kuā

 큰 **대** dà

 망령될 **망** wàng

 생각 **상** xiǎng

응 고뤠?

자고로 왕이란 지혜가 있어야돼!
무식하게 힘만 세다고 왕이다?
이건 아니지!!!~~
그사자 녀석, 어휴 더벅머리에
머리는 감는지...

자신의 능력, 재산,
용모 등을 실제보다
크게 과장하여
그것을 사실인
것처럼 믿는 일

血 氣 旺 盛

| 피 **혈** | 기운 **기** | 성할 **왕** | 채울 **성** |
| xuě | qì | wàng | shèng |

만물이 나고 자라는 힘의 근원, 생물이 살아 움직이는 힘을 이르는 말

過猶不及

- 過 지날 과 guò
- 猶 오히려 유 yóu
- 不 아닐 불 bù
- 及 미칠 급 jí

정도를 지나치는 것은 도리어 안한 것보다 못한다는 뜻, 중용을 가리키는 말

賢人君子

어질 **현** xián 　 사람 **인** rén 　 임금 **군** jūn 　 아들 **자** zǐ

현인과 군자를 아울러 이르는 말 또는 어진 사람을 일컫는 말

瓜 田 李 下

오이 **과** guā   밭 **전** tián   오얏 **이** lǐ   아래 **하** xià

오이 밭과 자두나무 밑이라는 뜻으로, 남의 의심을 받기 쉬운 일은 하지 말라는 뜻

賢 母 良 妻

어질 **현** xián   어미 **모** mǔ   어질 **양** liáng   아내 **처** qī

인상만 빼면 참 현모양처인데~

다녀오셔요~ 서방님~

어진 어머니이면서 또한 착한 아내를 일컫는 말

管 鮑 之 交

대롱 **관** guǎn 절인물고기 **포** bào 갈 **지** zhī 사귈 **교** jiāo

만나면 좋은 친구~

옛날 중국의
관중과 포숙처럼
친구 사이가 매우
다정함을 이르는 말

虛 張 聲 勢

빌 **허** xū　　베풀 **장** zhāng　　소리 **성** shēng　　형세 **세** shì

헛되이 목소리의 기세만 높인다는 뜻으로, 실력이 없으면서도 허세로만 떠벌림

冠 婚 喪 祭

갓 **관** / guān
혼인할 **혼** / hūn
잃을 **상** / sàng
제사 **제** / jì

몰라 몰라 몰라~잉

관례, 혼례, 상례, 제례 등의 네 가지 예를 두고 말함

虛 心 坦 懷

빌 **허** xū   마음 **심** xīn   평탄할 **탄** tǎn   품을 **회** huái

마음을 비우고
생각을 터놓음,
명랑하고
거리낌이나 숨김이
없는 마음

刮 目 相 對

| 긁을 **괄** | 눈 **목** | 서로 **상** | 대할 **대** |
| guā | mù | xiāng | duì |

눈을 비비고 다시 상대를 대한다는 뜻으로, 다른 사람의 학식이나 업적이 진보함을 말함

虛 無 孟 浪

| 빌 **허** | 없을 **무** | 맏 **맹** | 물결 **랑** |
| xū | wú | mèng | làng |

아저씨 이론대로라면 얘는 언제 사람되고 자동차도 만들어요?

터무니없이 거짓되고 실속이 없다는 뜻

矯角殺牛

바로잡을 **교** jiǎo   뿔 **각** jiǎo   죽일 **살** shā   소 **우** niú

쇠뿔을 바로 잡으려다 소를 죽인다는 뜻으로, 결점을 고치려다 도리어 일을 그르침

虛禮虛飾

빌 **허** xū   예도 **례** lǐ   빌 **허** xū   꾸밀 **식** shi

정성은 뭐~
대충 대충...
있어보이면 그만이쥐!

정성이 없이
겉으로만
번드르르하게 꾸밈.
또는 그런 예절이나
법식

交 友 以 信

사귈 **교** jiāo   벗 **우** yǒu   써 **이** yǐ   믿을 **신** xìn

친구를 사귀는 데
믿음과 의로써
사귐을 뜻함

駭怪罔測

놀랄 **해** hài 괴이할 **괴** guài 없을 **망** wǎng 헤아릴 **측** cè

주먹을 부르는 얼굴!

헤아릴 수 없을 만큼 몹시 괴이하고 야릇함

救 國 干 城

 구원할 **구** jiù

 나라 **국** guó

 방패 **간** gān

 재 **성** chéng

나라를 구하여 지키는 믿음직한 군인이나 인물을 뜻함

咸興差使

다 **함** / xián   일 **흥** / xìng   다를 **차** / chāi   하여금 **사** / shǐ

이 녀석 심부름 보낸지가 언제인데...

심부름을 가서 오지 않거나 늦게 온 사람을 이르는 말

九 死 一 生

아홉 **구** jiǔ   죽을 **사** sǐ   한 **일** yī   날 **생** shēng

여러 차례 죽을
고비를 겪고 간신히
목숨을 건짐을
이르는 말

緘口無言

 봉할 **함** jiān

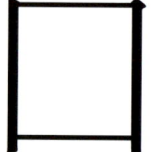 입 **구** kǒu

 없을 **무** wú

 말씀 **언** yán

입을 다물고
아무 말도
하지 않음을
일컫는 말

九 牛 一 毛

아홉 **구** jiǔ 　소 **우** niú 　한 **일** yī 　터럭 **모** máo

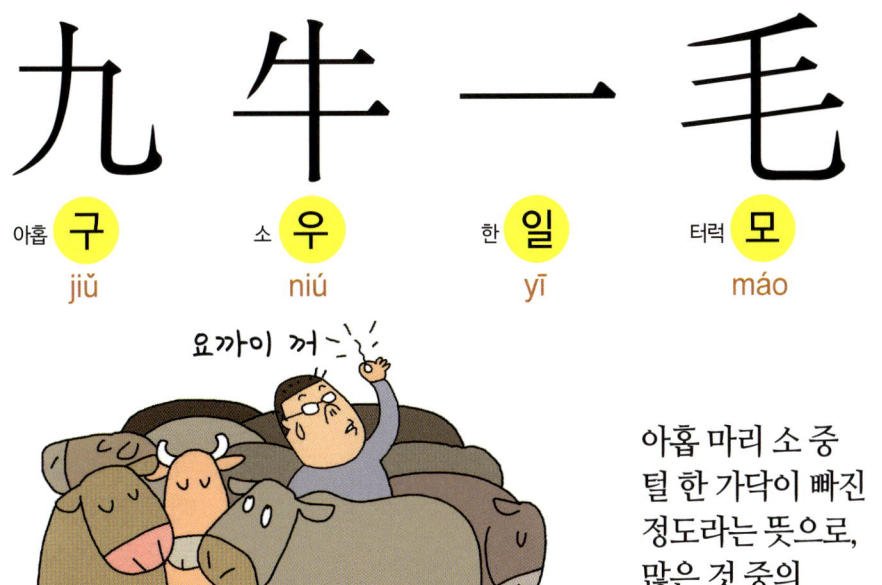

아홉 마리 소 중
털 한 가닥이 빠진
정도라는 뜻으로,
많은 것 중의
아주 적은 것의 비유

鶴 首 苦 待

학 **학** / hè　　머리 **수** / shǒu　　쓸 **고** / kǔ　　기다릴 **대** / dài

홈쇼핑에서 보낸 물건이 도착할 때가 되었는데 왜 아직 안 오는 거야!

어머머 얘 목 길어진것봐!

학처럼 목을 길게 빼고 기다린다는 뜻으로, 몹시 기다림을 이르는 말

舊態依然

옛 **구**	모습 **태**	의지할 **의**	그럴 **연**
jiù	tài	yī	rán

세대 바뀐지가 언제인데 아직도 정책으로 승부를 안하고 쯧쯧~

옛 모습 그대로
조금도 변함 없는
모양

下 石 上 臺

아래 **하** / xià   돌 **석** / shí   위 **상** / shàng   돈대 **대** / tái

돌이 없으니 아래 것을 빼서 다시 위로... 괜찮을거야!

아랫돌 빼서 윗돌을 괸다는 뜻으로, 임시변통으로 이리저리 둘러맞춤을 이르는 말

群 鷄 一 鶴

무리 **군** qún   닭 **계** jī   한 **일** yī   학 **학** hè

늘씬한 체격이 되지 않으면 학의 우아함을 표현할 수 없다. 오로지 나 만이….

여러 평범한 사람들(닭의 무리) 가운데 있는 뛰어난 사람(한마리 학)을 이르는 말

下馬評

아래 **하** xià 　 말 **마** mǎ 　 평할 **평** píng

이것 들이!

뒷돈을 받았다는 소문이...
요즘 증권 찌라시가...

관직의
인사이동이나
관직에 임명될
후보에 관해 세상에
도는 풍설이나 소문

群 雄 割 據

무리 **군**	수컷 **웅**	벨 **할**	근거 **거**
qún	xióng	gē	jù

여러 영웅이 세력을 다투어 땅을 차지하고 위세를 부림

彼此一般

저 **피** bǐ　　이 **차** cǐ　　한 **일** yī　　일반 **반** bān

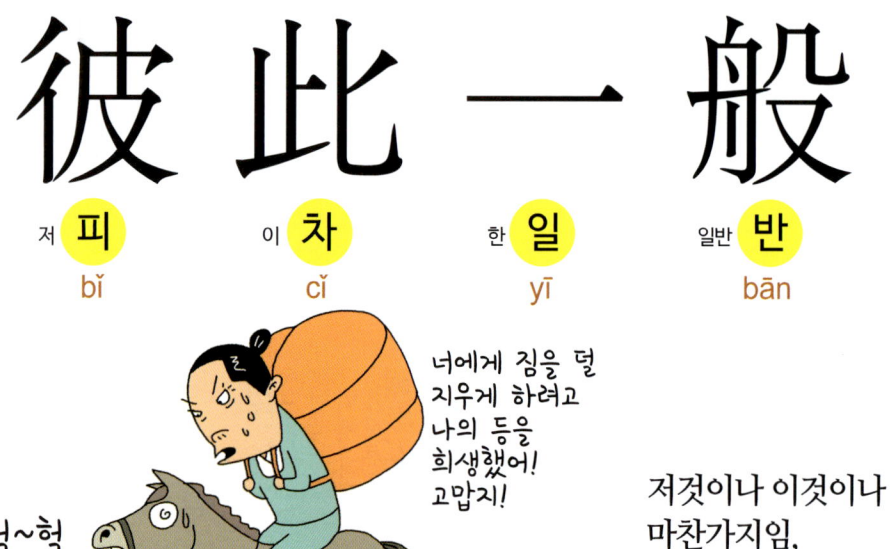

너에게 짐을 덜 지우게 하려고 나의 등을 희생했어! 고맙지!

헉~헉 임마 그게 그거야!

저것이나 이것이나 마찬가지임, 다 같음을 이르는 말

窮餘之策

| 다할 **궁** | 남을 **여** | 갈 **지** | 꾀 **책** |
| qióng | yú | zhī | cè |

결국 이 방법 밖엔....

막다른 골목에서
그 상황을
해결하려고
생각다 못해 짜낸 꾀

風 前 燈 火

바람 **풍** / fēng   앞 **전** / qián   등 **등** / dēng   불 **화** / huǒ

바람 앞의 등불이란 뜻으로, 사물이 오래 견디지 못하고 매우 위급한 자리에 놓여 있음

權 謀 術 數

권세 **권** quán   꾀할 **모** móu   재주 **술** shù   셈 **수** shǔ

이 지구상에 미인이 두 명일 수 없어! 무조건 백설공주를 없애고 와!

에이~ 한 명가지고는 어림없겠는데~요.

목적을 달성하기 위해 수단과 방법을 가리지 않는 온갖 모략이나 술책

風飛雹散

바람 **풍**	날 **비**	누리 **박**	흩을 **산**
fēng	fēi	báo	sàn

바람이 불어 우박이 이리저리 흩어진다는 뜻으로, 엉망으로 깨어져 사방으로 흩어짐

勸 善 懲 惡

권할 **권** / quàn 착할 **선** / shàn 징계할 **징** / chéng 악할 **악** / è

옛다! 정직하여 주는 선물이다.
다음부터는 이 근처에서
도끼질하지 마라!

착한 행실은
권장하고 악한
행실을 징계함

表 裏 不 同

겉 **표** 속 **리** 아닐 **부** 한가지 **동**
biǎo lǐ bù tóng

겉으로 드러나는
언행과 속으로
가지는 생각이
다름을 이르는 말

捲 土 重 來

말 **권**
juǎn

흙 **토**
tǔ

무거울 **중**
chóng

올 **래**
lái

기필쿄 풀어서
병아리를 만날
거야!

에디슨

어떤 일에 실패한
뒤에 힘을 가다듬어
다시 그 일에
착수함을 비유하여
이르는 말

抱 腹 絶 倒

안을 **포** / bào   배 **복** / fù   끊을 **절** / jué   넘어질 **도** / dǎo

아이고 배야

몹시 우스워서
배를 끌어안고
몸을 가누지
못할 만큼 웃는 웃음

極惡無道

극진할 **극** jí   악 **악** è   없을 **무** wú   길 **도** dào

더할 나위 없이
악하고 도리에
완전히 어긋나 있음

敗家亡身

패할 **패** / bài   집 **가** / jiā   망할 **망** / wáng   몸 **신** / shēn

도박이 문제다! 도박이 문제야!

집안의 재산을 다 써 없애버리고 몸을 망침을 이르는 말

金 科 玉 條

쇠 **금** jīn　　과목 **과** kē　　구슬 **옥** yù　　가지 **조** tiáo

다시는 죄를 짓지 않겠습니다!

소중히 여기고 지켜야 할 규칙이나 교훈

八方美人

여덟 **팔** bā   모 **방** fāng   아름다울 **미** měi   사람 **인** rén

너는 모든 것에 뛰어나! 하지만 인간미가 없어~ 하나 정도는 빈틈이 있어야 하는데!

그래?

여러 방면의 일에 능통한 사람을 비유적으로 이르는 말

金 蘭 之 交

| 쇠 **금** | 난초 **란** | 갈 **지** | 사귈 **교** |
| jīn | lán | zhī | jiāo |

두 사람 간 서로
마음이 맞고 교분이
두터운 사귐을
이르는 말

破 竹 之 勢

깨뜨릴 **파** pò   대 **죽** zhú   갈 **지** zhī   형세 **세** shì

대나무를 쪼개는 기세라는 뜻으로, 세력이 강하여 걷잡을 수 없이 나아가는 모양을 이름

錦上添花

비단 **금** jǐn   윗 **상** shàng   더할 **첨** tiān   꽃 **화** huā

비단 위에 꽃을 더한다는 뜻으로, 좋은 일에 또 좋은 일이 더하여짐

破 顔 大 笑

깨뜨릴 **파** pò　　낯 **안** yán　　큰 **대** dà　　웃음 **소** xiào

안면근육 마비증상입니다. 잘 쓰지 않는 근육에서 오는 피로증후군인데

한번 크게 웃은 후에 이렇게 …

얼굴이 찢어지도록 크게 웃는다는 뜻으로, 즐거운 표정으로 한바탕 크게 웃는 모습

今 始 初 聞

이제 **금** jīn   비로소 **시** shǐ   처음 **초** chū   들을 **문** wén

저기 김 대리가 이 대리를 좋아하는 것 같던데...

어머~처음 듣는 말이에용!

이제야 비로소 처음으로 들음을 이르는 말

波 瀾 萬 丈

물결 **파** bō   물결 **란** lán   일만 **만** wàn   어른 **장** zhàng

사업하다 망하고, 연예계로 진출하다 접고, 치킨집 하다 문닫고, 외국으로 가서 일하다가 허리다쳐 고국으로…

소설책 한 권 쓰시겠어요~

파도의 물결치는 것이 만장의 길이나 된다는 뜻으로, 일의 진행에 변화가 심함을 이름

錦衣還鄉

| 비단 **금** jǐn | 옷 **의** yī | 돌아올 **환** huán | 시골 **향** xiāng |

비단옷 입고 고향에 돌아온다는 뜻으로, 출세하여 고향에 돌아옴을 이름

兎死狗烹

토끼 **토** tù   죽을 **사** sǐ   개 **구** gǒu   삶을 **팽** pēng

사냥감이 없다고 이젠 나를 잡으려해! 나쁜 놈!

거기 섯!

필요할 땐 요긴하게 써 먹고 쓸모가 없어지면 가혹하게 버린다는 뜻

金 枝 玉 葉

쇠 **금** / jīn   가지 **지** / zhī   구슬 **옥** / yù   잎 **엽** / yè

사랑헌다! 아들
니는 고씨 가문에
7대 독자여!
으메 따가운거!

금 가지에 옥
잎사귀란 뜻으로,
매우 귀한 집의
자손이나 가장
귀중한 물건

太 平 聖 代

클 **태** / tài   평평할 **평** / píng   성인 **성** / shèng   대신할 **대** / dài

어질고 착한 임금이
잘 다스리는
태평한 세상이나
시대를 이름

氣 高 萬 丈

기운 **기** / qì
높을 **고** / gāo
일만 **만** / wàn
어른 **장** / zhàng

일이 뜻대로 잘되어 우쭐하여 뽐내는 모양과 기세가 대단하게 뻗침을 이르는 말

泰 山 峻 嶺

- 클 **태** / tài
- 메 **산** / shān
- 높을 **준** / jùn
- 고개 **령** / lǐng

산에 무식한 호랑이가 있어요~
만날 것을 대비해 충분한
떡도 준비하셔야 돼요~

큰 산과 험한 고개를 이르는 말

起死回生

- 일어날 **기** qǐ
- 죽을 **사** sǐ
- 돌아올 **회** huí
- 날 **생** shēng

신이시여 감사합니다! 역시 죽으라는 법은 없다니깐!

거의 죽을 뻔하다가 다시 살아남을 일컫는 말

貪 官 汚 吏

탐낼 **탐** / tān 벼슬 **관** / guān 더러울 **오** / wū 벼슬아치 **리** / lì

새해에 여러분
꼭 부자되셔야해요~
그래야 제가
먹고 살지요~ㅎㅎ

백성의 재물을
탐내어 빼앗은
행실이 깨끗하지
못한 관리

奇想天外

기특할 **기** qí   생각 **상** xiǎng   하늘 **천** tiān   바깥 **외** wài

보통 사람으로는 짐작도 할 수 없을 만큼 생각이 기발하고 엉뚱함

呑 舟 之 魚

삼킬 **탄**   배 **주**   갈 **지**   물고기 **어**
tūn   zhōu   zhī   yú

배를 삼킬만한 큰 고기, 장대한 기상이나 큰 인물을 뜻함

杞憂

구기자 **기** qǐ   근심 **우** yōu

중국 기나라 사람이 하늘이 무너질 것을 걱정했다는 뜻으로, 쓸데없는 걱정을 일컬음

卓上空論

높을 **탁** / zhuó
윗 **상** / shàng
빌 **공** / kōng
논할 **론** / lùn

난 이론만 강해!
전쟁이론만!
빨리 튀어!

탁자 위에서만 펼치는 헛된 논설이란 뜻으로, 실현성 없는 허황된 이론이나 논의를 일컬음

吉 凶 禍 福

길할 **길** ｊí　　흉할 **흉** xiōng　　재앙 **화** huò　　복 **복** fú

길함과 흉함과 재앙과 복, 즉 사람의 운수를 말함

他山之石

다를 **타** tā   메 **산** shān   갈 **지** zhī   돌 **석** shí

다른 이의 하찮은 언행이라도 자신의 지식과 인격을 수양하는 데 도움이 될 수 있다는 뜻

樂 生 於 憂

즐길 **낙** / lè 날 **생** / shēng 어조사 **어** / yú 근심 **우** / yōu

즐거움은 언제나 걱정하는데서 나온다는 뜻으로 고생 끝에 낙이 온다는 말

針小棒大

바늘 **침** zhēn   작을 **소** xiǎo   막대 **봉** bàng   큰 **대** dà

엄청 다쳤지! 얼굴, 다리, 어디 다치지 않은 곳이 없어요!

손가락에 밴드 붙여 놓고 뭐하세요?

바늘만한 것을 몽둥이만하다고 말한다는 뜻으로, 작은 일을 크게 과장하여 말함을 이름

落 花 流 水

떨어질 **낙** luò   꽃 **화** huā   흐를 **유** liú   물 **수** shuǐ

나의 미모도 낙엽처럼 세월의 힘에 고개를 떨구는구나!

떨어지는 꽃과 흐르는 물이라는 뜻으로 살림이나 세력이 약해져 아주 보잘것없이 됨

七 顚 八 起

일곱 **칠** / qī

엎드러질 **전** / diān

여덟 **팔** / bā

일어날 **기** / qǐ

일곱 번 넘어져도 여덟 번째 일어난다는 뜻으로, 실패에 굴하지 않고 다시 일어섬을 이름

難攻不落

어려울 **난**	칠 **공**	아닐 **불**	떨어질 **락**
nán	gōng	bú	luò

공격하기가 어려워 좀처럼 함락되지 않음

爛商討論

빛날 **난**	장사 **상**	칠 **토**	논할 **론**
làn	shāng	tǎo	lùn

점심 메뉴로 40분째 얘기하고 있다! 미친 것 아니야!

반대!

그 맛집 괜찮은데

충분히 의견을 나누어 토의함, 또는 그런 토의

惻隱之心

슬플 **측** cè　　숨을 **은** yǐn　　갈 **지** zhī　　마음 **심** xīn

남의 불행을
불쌍히 여기는
마음을 일컫는 말

難 兄 難 弟

어려울 **난** / nàn   형 **형** / xiōng   어려울 **난** / nàn   아우 **제** / dì

나는 항상 너의 들린 코가 맘에 들어 드라이한 노랑머리 장난 아닌데!

너의 스타일은 아방가르드의 느끼함을 닮았어! 따라가기 힘들 정도지!

누가 더 낫다고 할 수 없을 정도로 서로 비슷함

取 捨 選 擇

가질 **취** / qǔ　　버릴 **사** / shě　　가릴 **선** / xuǎn　　가릴 **택** / zé

가보로 숨겨놓은 청자를
엿을 바꿔 먹다니
당장 나가!

여럿 가운데서
쓸 것은 쓰고,
버릴 것은
버린다는 말

內 憂 外 患

안 **내** / nèi   근심 **우** / yōu   바깥 **외** / wài   근심 **환** / huàn

내부의 근심과 외부의 근심이란 뜻으로, 나라 안팎의 여러 가지 어려운 사태

秋 風 落 葉

가을 **추** qiū 바람 **풍** fēng 떨어질 **낙** luò 잎 **엽** yè

나의 권세가 땅에 떨어졌어! 으...음...흑

가을바람에 떨어지는 잎이라는 뜻으로, 세력 따위가 갑자기 기울거나 시듦을 이르는 말

勞 心 焦 思

일할 **노** láo　　마음 **심** xīn　　탈 **초** jiāo　　생각 **사** sī

정 여사에게 데이트 신청을 할까? 말까? 할...

몹시 마음을 쓰며 애를 태움

寸 鐵 殺 人

마디 **촌** / cùn   쇠 **철** / tiě   죽일 **살** / shā   사람 **인** / rén

한 치의 쇠로 사람을 죽인다는 뜻으로 짧은 말로 감동을 주거나 약점을 찌를 수 있다는 말

露 積 成 海

이슬 **노** lù 쌓을 **적** jī 이룰 **성** chéng 바다 **해** hǎi

이슬방울이 모여
바다를 이룬다는 뜻

草 根 木 皮

풀 **초** / cǎo　　뿌리 **근** / gēn　　나무 **목** / mù　　가죽 **피** / pí

으앙~배고파

풀뿌리와 나무껍질이라는 뜻으로, 맛이나 영양가가 없는 거친 음식을 비유적으로 이르는 말

論功行賞

논할 **논** lùn　공 **공** gōng　다닐 **행** xíng　상 **상** shǎng

공이 있고 없음이나
크고 작음을 따져
그에 알맞은 상을 줌

草 家 三 間

- 풀 **초** cǎo
- 집 **가** jiā
- 석 **삼** sān
- 사이 **간** jiān

세 칸짜리 초가라는 뜻으로, 아주 작은 집을 이르는 말

多 多 益 善

많을 **다** duō　　많을 **다** duō　　더할 **익** yì　　착할 **선** shàn

이 년아 소는 풀만 먹어도 살쪄!

우와 내가 좋아하는 과일이 엄청 많네! 오늘부터 과일 다이어트 해야지~

많으면 많을수록 더욱 좋다는 뜻

清風明月

| 맑을 **청** | 바람 **풍** | 밝을 **명** | 달 **월** |
| qīng | fēng | míng | yuè |

맑은 바람과 밝은 달이라는 뜻으로, 결백하고 온건한 성격을 평하여 이르는 말

多事多難

많을 **다** / duō   일 **사** / shì   많을 **다** / duō   어려울 **난** / nàn

일 년 동안 자동차 사고에 배 침몰에 기차 탈선에 이번에는 비행기 추락으로 무인도까지~

여러 가지로 일도 많고 어려움이나 탈도 많음을 이름

青 出 於 藍

 푸를 **청** qīng

 날 **출** chū

 어조사 **어** yú

 쪽 **람** lán

제자나 후배가
스승이나 선배보다
뛰어나거나 훌륭함을
비유적으로
이르는 말

多 才 多 能

| 많을 **다** | 재주 **재** | 많을 **다** | 능할 **능** |
| duō | cái | duō | néng |

재주와 능력이
여러 가지로 많음을
일컫는 말

靑天霹靂

푸를 **청**	하늘 **천**	벼락 **벽**	벼락 **력**
qīng	tiān	pī	lì

맑은 하늘에 갑자기
벼락이 떨어진다는
뜻으로, 돌발적인
사태를 이르는 말

多 情 多 感

많을 **다**	뜻 **정**	많을 **다**	느낄 **감**
duō	qíng	duō	gǎn

정이 많고 느낌이 많다는 뜻으로, 생각과 느낌이 섬세하고 풍부함

青 山 流 水

푸를 **청** qīng   메 **산** shān   흐를 **유** liú   물 **수** shuǐ

푸른 산과 흐르는 물이라는 뜻으로, 말을 거침없이 잘함을 비유해 이르는 말

單 刀 直 入

홑 **단** / dān   칼 **도** / dāo   곧을 **직** / zhí   들 **입** / rù

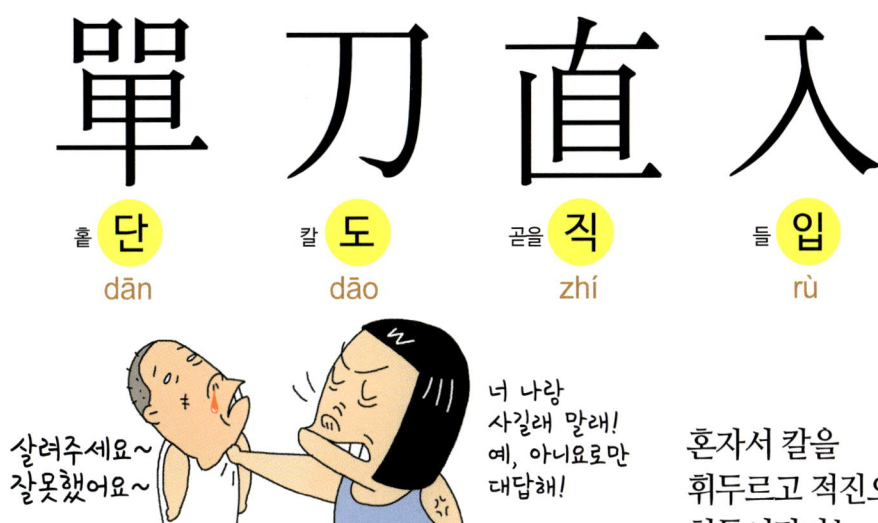

살려주세요~
잘못했어요~

버둥 버둥

너 나랑 사길래 말래!
예, 아니요로만 대답해!

혼자서 칼을 휘두르고 적진으로 쳐들어간다는 뜻으로, 바로 요점으로 들어감

清 廉 潔 白

맑을 **청** qīng　　청렴할 **렴** lián　　깨끗할 **결** jié　　흰 **백** bái

마음이 맑고 깨끗하며 재물 욕심이 없음을 이르는 말

大 驚 失 色

큰 **대** / dà   놀랄 **경** / jīng   잃을 **실** / shī   빛 **색** / sè

자기 얼굴 보고 놀라 쓰러지네??

몹시 놀라 얼굴빛이 하얗게 변함을 뜻함

鐵甕城

쇠 **철** / tiě   독 **옹** / wèng   재 **성** / chéng

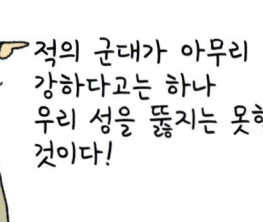

적의 군대가 아무리 강하다고는 하나 우리 성을 뚫지는 못할 것이다!

무쇠로 만든 독처럼 튼튼히 쌓은 성이라는 뜻으로, 매우 튼튼히 둘러싸인 것이나 그 상태

大 器 晚 成

- 큰 **대** dà
- 그릇 **기** qì
- 늦을 **만** wǎn
- 이룰 **성** chéng

헐~내 나이 99세에 베스트 커플상을 받다니~

큰 그릇을 만드는 데 오랜 시간이 걸린다는 뜻으로, 크게 될 사람은 늦게 뜻을 이룬다는 말

鐵面皮

쇠 **철**   낯 **면**   가죽 **피**
tiě   miàn   pí

쇠처럼 두꺼운
낯가죽이라는
뜻으로, 뻔뻔스럽고
염치없는 사람을
이르는 말

大 義 名 分

큰 **대** dà   옳을 **의** yì   이름 **명** míng   나눌 **분** fēn

사람으로서 마땅히 지켜야 할 중대한 도리나 본분

徹頭徹尾

통할 **철**	머리 **두**	통할 **철**	꼬리 **미**
chè	tóu	chè	wěi

헤어지자고 하니 아주 철저하구만!

내가 그동안 사준 것들 다 내놔!

머리에서 꼬리까지 통한다는 뜻으로, 처음부터 끝까지 철저하다는 말

獨 不 將 軍

홀로 **독** dú   아닐 **불** bù   장수 **장** jiāng   군사 **군** jūn

남의 의견을 무시하고 혼자 모든 일을 처리하는 사람

天下無敵

하늘 **천** tiān   아래 **하** xià   없을 **무** wú   대적할 **적** dí

세상에 겨룰 만한 적수가 없다는 뜻

獨守空房

- 홀로 **독** / dú
- 지킬 **수** / shǒu
- 빌 **공** / kōng
- 방 **방** / fáng

부부가 남편이나 아내 없이 혼자서 지내는 것

千篇一律

일천 **천** qiān 　 책 **편** piān 　 한 **일** yī 　 법칙 **률** lǜ

여러 사물이 거의 비슷비슷하여 특색이 없음을 비유하여 이르는 말

獨 也 靑 靑

홀로 **독** / dú　　이끼 **야** / yě　　푸를 **청** / qīng　　푸를 **청** / qīng

뇌물로 꼬셔봤는데
단박에 거절했습니다요!
자신은 끝까지 황제 곁에
홀로 남아 지키겠다고...잘난척은!

홀로 높은 절개를
지켜 늘 변함이
없음을 이르는 말

千 差 萬 別

일천 **천** qiān 다를 **차** chā 일만 **만** wàn 다를 **별** bié

여러 가지 사물이 모두 차이가 있고 구별이 있음을 이르는 말

東家食西家宿

동녘 **동**	집 **가**	먹을 **식**	서녘 **서**	집 **가**	잘 **숙**
dōng	jiā	shí	xī	jiā	sù

생활이 남 부럽지않소!

점심은 동쪽에서 오찬을 나누었으니 오늘 거처는 서쪽 별장으로 가볼까나?

동쪽 집에서 밥 먹고 서쪽 집에서 잠잔다는 뜻으로, 일정한 거처 없이 떠돌아다님을 이름

天 地 開 闢

하늘 **천** tiān   땅 **지** dì   열 **개** kāi   열 **벽** pì

하늘과 땅이 처음 열린다는 뜻으로, 이 세상의 시작을 이르는 말

同 苦 同 樂

한가지 **동** / tóng   쓸 **고** / kǔ   한가지 **동** / tóng   즐길 **락** / lè

괴로움도 즐거움도
함께 함을 이르는 말

天 災 地 變

하늘 **천** tiān   재앙 **재** zāi   땅 **지** dì   변할 **변** biàn

으-악!
지...지진이다!

지진, 홍수, 태풍 따위와 같이 자연 현상에 의해 빚어지는 재앙

東 問 西 答

동녘 **동**	물을 **문**	서녘 **서**	대답 **답**
dōng	wèn	xī	dá

혹시 절 좋아하세요?

아니요~ 저는 교회 좋아하는데요!

동쪽을 묻는데 서쪽을 대답한다는 뜻으로, 묻는 말에 대해 전혀 엉뚱한 대답을 함

天 人 共 怒

하늘 **천** tiān   사람 **인** rén   한가지 **공** gòng   성낼 **노** nù

너희가 조선을 침략하고 수탈한 죄를 백배 사죄함도 모자랄 판에 독도를 너희 땅이라고 우겨! 이 천하의 나쁜 놈이로다!

주..죽을 죄를...

하늘과 사람이 함께 분노한다는 뜻으로, 누구나 분노할 만큼 증오스러움을 이름

同 病 相 憐

한가지 **동** tóng   병들 **병** bìng   서로 **상** xiāng   불쌍히 여길 **련** lián

어이 어디서 왔나?
처음 보는
얼굴인데~

젠장! 분장까지 했는데
이 녀석과 같이 뛰게 될 줄이야!

어려운 처지에
있는 사람끼리
서로 불쌍히 여겨
동정하고 서로 도움

千 辛 萬 苦

일천 **천** qiān   매울 **신** xīn   일만 **만** wàn   쓸 **고** kǔ

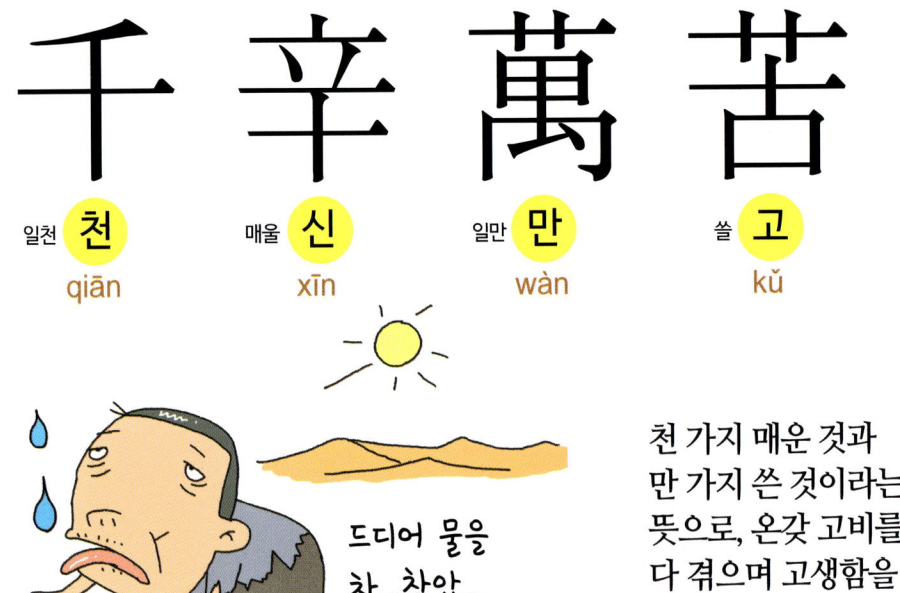

드디어 물을 차...찾았...

천 가지 매운 것과 만 가지 쓴 것이라는 뜻으로, 온갖 고비를 다 겪으며 고생함을 이름

同床異夢

한가지 **동** / tóng　　상 **상** / chuáng　　다를 **이** / yì　　꿈 **몽** / mèng

겉으로는 같이
행동하면서
속으로는 각각
딴 생각을 함

天 生 緣 分

하늘 **천**	날 **생**	인연 **연**	나눌 **분**
tiān	shēng	yuán	fēn

너희는 내가 연결했어! 결혼해! 애는 딱 5명 낳고!

하늘에서 정해 준 연분이나 인연을 일컫는 말

東 西 古 今

동녘 **동** dōng   서녘 **서** xī   옛 **고** gǔ   이제 **금** jīn

엄마 그 책 알아요?
생쥐가 쓴 어린이왕자!
명작이라고 하던데~

너의 무식의 끝을 모르겠어!
쌩떽쥐뻬리의 어린왕자!

동양과 서양, 그리고 옛날과 지금을 통틀어 이르는 말

千不當萬不當

일천 **천**	아닐 **부**	마땅 **당**	일만 **만**	아닐 **부**	마땅 **당**
qiān	bù	dāng	wàn	bù	dāng

너가 감히 나를 배반해!

어림반푼어치도 없는 소리입니다. 전하! 제가 어찌 감히 전하를...

어림없이 사리에 맞지 않음을 이르는 말

凍 足 放 尿

얼 **동** / dòng   발 **족** / zú   놓을 **방** / fàng   오줌 **뇨** / niào

뭔가 따뜻해지는 느낌! 좋아~

언 발에 오줌 누기라는 뜻으로, 잠시 동안만 효력이 있다가 바로 사라짐을 이르는 말

天 方 地 軸

하늘 **천** 모 **방** 땅 **지** 굴대 **축**
tiān   fāng   dì   zhóu

어리석은 사람이
갈 바를 몰라
두리번거림 또는
너무 급하여
허둥지둥 함부로
날뛰는 모양

杜門不出

| 막을 **두** dù | 문 **문** mén | 아닐 **불** bù | 날 **출** chū |

도무지 입을 옷이 없어서 나가질 못하겠네!

집에만 틀어박혀 사회의 일이나 관직에 나아가지 않음

千里眼

일천 **천** qiān   마을 **리** lǐ   눈 **안** yǎn

김 서방네 둘째 태어났나봐 가만있자 고추를 엮는걸 보니 아들이구만!

아~아직 배 속에 아기가 또 있어요. 쌍둥이네요!

천 리 밖을 보는 눈이라는 뜻으로, 먼 곳을 보는 시력 또는 사물을 꿰뚫어 보는 힘

得 意 滿 面

얻을 **득** / dé   뜻 **의** / yì   찰 **만** / mǎn   낯 **면** / miàn

오우 ~대박
내 생전에 이런
큰 뼈다귀는 처음이야!

뜻한 바를 이루어서
기쁜 표정이
얼굴에 가득 참

天 機 漏 洩

하늘 **천** tiān   틀 **기** jī   샐 **누** lòu   샐 **설** xiè

구슬아 구슬아~ 나의 남편감은 어디에 있니!

미안하지만! 당신은 시집 못가!

하늘의 비밀이 새어 나간다는 뜻으로, 중대한 기밀이 외부로 새어나감을 이름

得 意 揚 揚

얻을 **득** / dé 뜻 **의** / yì 날릴 **양** / yáng 날릴 **양** / yáng

70년 고쟁이의 장인 빤스장 옹께서 리미티드에디션으로 딱 100벌 만드신 것 중에 100번째 거라 이 말씀이지!!

바라던 일이
이루어져서
우쭐거리며 뽐냄

千 軍 萬 馬

천 / qiān   군 / jūn   만 / wàn   마 / mǎ

천 명의 군사와 만 마리의 군마라는 뜻으로, 많은 군사와 말을 이르는 말

燈 火 可 親

등 **등** / dēng   불 **화** / huǒ   옳을 **가** / kě   친할 **친** / qīn

등불을
가까이하기에
좋다는 뜻으로,
가을밤에는
글 읽기에
좋음을 이름

天 高 馬 肥

하늘 **천** / tiān   높을 **고** / gāo   말 **마** / mǎ   살찔 **비** / féi

맑은 가을 하늘에 왠 말돼지?

하늘이 높고 말이 살찐다는 뜻으로, 가을이 좋은 계절임을 나타낼 때 쓰는 말

馬耳東風

말 **마**	귀 **이**	동녘 **동**	바람 **풍**
mǎ	ěr	dōng	fēng

남의 비평이나
의견을 조금도
귀담아 듣지 않고
흘려버림

差 別 待 遇

다를 **차** chā 다를 **별** bié 기다릴 **대** dài 만날 **우** yù

정당한 이유 없이 남보다 나쁜 대우를 하는 일을 일컫는 말

進 退 兩 難

나아갈 **진** / jìn   물러날 **퇴** / tuì   둘 **양** / liǎng   어려울 **난** / nán

신이시여! 절 도우소서!

나아갈 수도 없고
물러설 수도 없는
궁지에 빠진 상태

莫 逆 之 友

| 없을 **막** | 거스릴 **역** | 갈 **지** | 벗 **우** |
| mò | nì | zhī | yǒu |

친구끼리
미안하다
말 하는 거
아니다!
우린 친구
아이가!

마음이 맞아
서로 거스를 일이
없는, 생사를 같이
할 수 있는 친한 벗

盡人事待天命

| 다할 **진** | 사람 **인** | 일 **사** | 기다릴 **대** | 하늘 **천** | 목숨 **명** |
| jìn | rén | shì | dài | tiān | mìng |

이 정도의 솜씨면 일등 주방장으로서 자질을 갖췄다는 하늘의 뜻!

노력을 다한 후에
하늘의 뜻을
기다림을 이르는 말

萬 古 不 變

일만 **만** wàn   옛 **고** gǔ   아닐 **불** bú   변할 **변** biàn

아주 오랜 세월 동안 변하지 아니함을 이르는 말

珍 羞 盛 饌

보배 **진** zhēn   부끄러울 **수** xiū   성할 **성** shèng   반찬 **찬** zhuàn

우~와 장난 아니네! 혁대 풀고 시작해 볼거나?

맛이 좋은 음식을 많이 잘 차린 것을 뜻함

萬事亨通

일만 **만** / wàn   일 **사** / shì   형통할 **형** / hēng   통할 **통** / tōng

노력과 성실함만이 성공을 이룰 수 있다! 아자! 아자!

모든 일이
뜻한 대로 잘
이루어짐을 뜻함

知 彼 知 己

알 **지** 저 **피** 알 **지** 몸 **기**
zhī   bǐ   zhī   jǐ

적의 사정과 나의 사정을 자세히 알아야 한다는 뜻

萬 壽 無 疆

일만 **만**
 wàn

목숨 **수**
 shòu

없을 **무**
 wú

지경 **강**
 jiāng

하루살이 인생이 만수무강이 뭐 대수라고…

만수무강 하십쇼! 어르신!

아무런 탈 없이 아주 오래 삶을 이르는 말

支 離 滅 裂

지탱할 **지** zhī 떠날 **리** lí 멸할 **멸** miè 찢어질 **렬** liè

3사단이 조선 독립군에게 공격을 받은 후 연락이 끊겼스므니다!

패했다는 소린가! 이런 말도 안되는 소리를!

이리저리 흩어지고
찢기어 갈피를
잡을 수 없음을 뜻함

茫 然 自 失

아득할 **망** / máng 그럴 **연** / rán 스스로 **자** / zì 잃을 **실** / shī

오 마이갓!
오 마이갓!
오 마이갓트!
내 마지막
머리털이...

제 정신을 잃고
어리둥절한 모양을
이르는 말

至高至純

이를 **지** zhì   높을 **고** gāo   이를 **지** zhì   순수할 **순** chún

내 아내는 착하고 순수한데 얼굴만 보면 무서워잉~

더할 수 없이 높고
순수함을 이르는 말

孟母三遷之敎

맏 **맹**	어미 **모**	석 **삼**	옮길 **천**	갈 **지**	가르칠 **교**
mèng	mǔ	sān	qiān	zhī	jiào

눈치챘느냐? 당연히 환경 때문이지만 재테크도 중요한 것이니라!

어머니 한 달 만에 이사가 벌써 3번째이온데 교육도 교육이지만 혹 재테크 때문에…

맹자의 어머니가 가르침을 위해 세 번 이사했다는 뜻으로, 교육에는 환경이 중요함을 이름

重言復言

무거울 **중** / zhòng
말씀 **언** / yán
다시 **부** / fù
말씀 **언** / yán

아부지~
그 사랑얘기
지금까지
삼십구만팔천
번째여요!

아비가 공주와
결혼할 뻔 했는디...
어쩌구 저쩌구

이미 한 말을
자꾸 되풀이 하여
반복하여 하는 말

明 若 觀 火

밝을 **명** míng   같을 **약** ruò   볼 **관** guān   불 **화** huǒ

그 보석이 아저씨 것인지 어떻게 알아요?

내가 훔친 물건이니 확실히 안다! 이 소매치기야!

불을 보는 것 같이 밝게 보인다는 뜻으로, 더 말할 나위 없이 분명함

中 傷 謀 略

가운데 **중** / zhōng

다칠 **상** / shāng

꾀할 **모** / móu

간략할 **략** / lüè

우선은 친분을 다진 후 기회를 봐서 뒤통수를 확!

터무니없는 말로 헐뜯거나 남을 해치려고 속임수를 써서 일을 꾸밈

無所不能

없을 **무** / wú 바 **소** / suǒ 아닐 **불** / bù 능할 **능** / néng

아차! 어쩐지 소변 볼 때...

너는 뭐든 잘하는데... 오늘도 팬티를 뒤집어 입었구나! 쯧쯧!

무엇이든지 못하는 것이 없이 능통함을 이름

衆口難防

무리 **중** zhòng   입 **구** kǒu   어려울 **난** nán   막을 **방** fáng

여러 사람의 말을 막기가 어렵다는 뜻으로 여럿이 마구 지껄임을 이르는 말

無用之物

없을 무	쓸 용	갈 지	물건 물
wú	yòng	zhī	wù

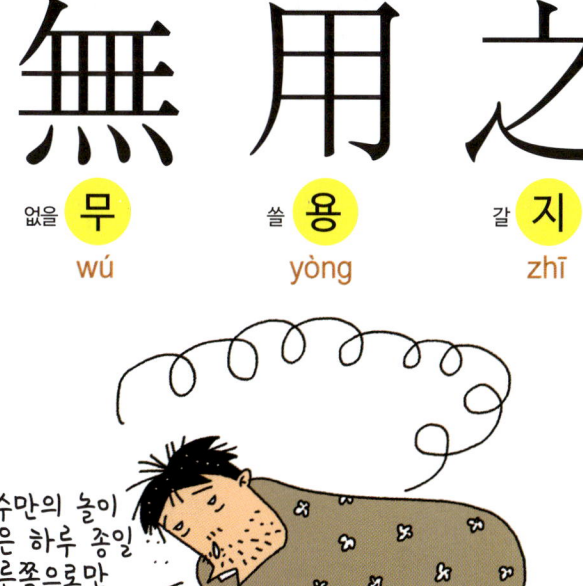

아무 소용이
없는 물건이나
아무짝에도
쓸데없는 사람

竹 馬 故 友

대 **죽** zhú　　말 **마** mǎ　　연고 **고** gù　　벗 **우** yǒu

자~ 출발한다!　　윽!

대나무 말을 타고 놀던 옛 친구라는 뜻으로 어릴 때부터 가까이 지내며 자란 친구를 이름

無爲徒食

없을 **무** wú   할 **위** wéi   무리 **도** tú   먹을 **식** shí

인생 뭐 있어?
이게 천국이쥐~

하는 일 없이
헛되이 놀고 먹기만
함을 이르는 말

晝耕夜讀

낮 **주** zhòu   밭갈 **경** gēng   밤 **야** yè   읽을 **독** dú

낮에는 농사짓고
밤에는 공부한다는
뜻으로 어렵게
공부함을 이르는 말

無 錢 取 食

없을 **무**	돈 **전**	가질 **취**	밥 **식**
wú	qián	qǔ	shí

아이~
내가 돈이 한 푼도
없다는 것을
어떻게 알았지!
난감하네~

값을 치를 돈도 없이
남이 파는 음식을
먹는 일

主客顚倒

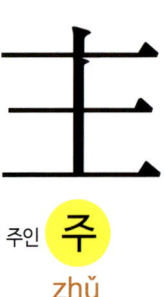 주인 **주** zhǔ

 손 **객** kè

 엎드러질 **전** diān

 넘어질 **도** dǎo

일 빨리빨리
못하지!
이거 주인만
아니면 확
잘라버릴텐데!

주인은 손님처럼
손님은 주인처럼
행동이 바뀐 것으로
서로의 입장이
뒤바뀐 것을 이름

門 前 成 市

문 **문** / mén   앞 **전** / qián   이룰 **성** / chéng   저자 **시** / shì

찾아오는 사람이 많아서 집 문 앞이 시장을 이루다시피 한다는 뜻

左 衝 右 突

왼 **좌** zuǒ   찌를 **충** chōng   오른 **우** yòu   갑자기 **돌** tū

이리저리 닥치는 대로 마구 찌르고 부딪침을 이르는 말

美 辭 麗 句

아름다울 **미** / měi
말씀 **사** / cí
고울 **여** / lì
글귀 **구** / jù

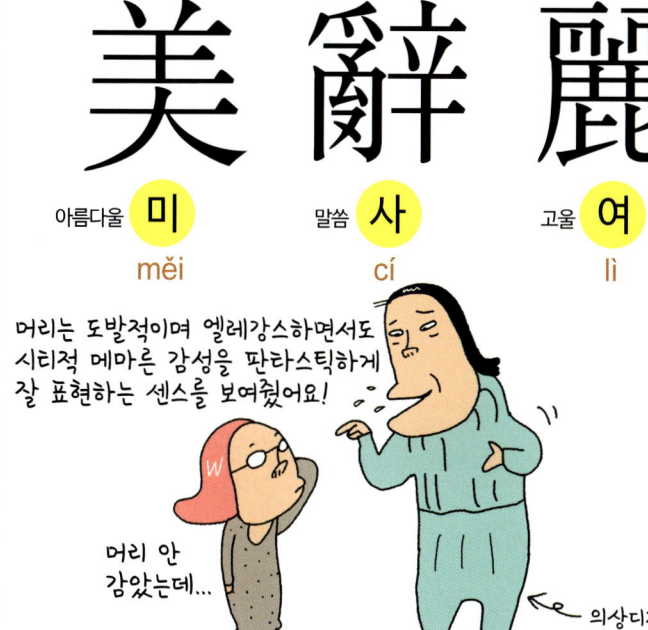

머리는 도발적이며 엘레강스하면서도 시니적 메마른 감성을 판타스틱하게 잘 표현하는 센스를 보여줬어요!

머리 안 감았는데...

← 의상디자이너 안드레셔츠

아름다운 문장이나 아름다운 말로 꾸민 듣기 좋은 글귀

坐 不 安 席

앉을 **좌** / zuò   아닐 **불** / bù   편안 **안** / ān   자리 **석** / xí

수술이 잘되어야 할 텐데... 제발 제발...

마음에 불안이나 근심이 있어 한자리에 오래 앉아있지 못함

美風良俗

아름다울 **미**
měi

바람 **풍**
fēng

어질 **양**
liáng

풍속 **속**
sú

어르신~ 따뜻하게 데워 놨습니다.

계속 이어 나아가야 할 아름답고 좋은 풍속

縱 橫 無 盡

세로 **종**	가로 **횡**	없을 **무**	다 **진**
zòng	héng	wú	jìn

행동이
마음 내키는 대로
거침없이
자유자재로 함

博 學 多 識

넓을 **박** / bó   배울 **학** / xué   많을 **다** / duō   알 **식** / shí

세상은 겁나 넓고 아는 것은 많아야 한다!

학문이 넓고
아는 것이 많음을
이르는 말

朝 三 暮 四

아침 **조** / **삼** / 저물 **모** / 넉 **사**
zhāo / sān / mù / sì

아침에 세 개 저녁에 네 개라는 뜻으로 간사한 꾀를 써서 남을 속임

半 信 半 疑

반 **반** bàn 믿을 **신** xìn 반 **반** bàn 의심할 **의** yí

나를 믿어.
너를 음식으로
생각하지
않는다고.
우린 친구야!

음~

반은 믿고 반은
의심한다는 뜻으로
얼마쯤 믿으면서도
한편으로는 의심함

朝 飯 夕 粥

아침 **조** zhāo   밥 **반** fàn   저녁 **석** xī   죽 **죽** zhōu

으앙~배고파

아침에는 밥
저녁에는 죽이라는
뜻으로 가까스로
살아가는 가난한 삶

反哺報恩

돌이킬 **반** / fǎn   먹일 **포** / bǔ   갚을 **보** / bào   은혜 **은** / ēn

자식이 부모가
길러준 은혜에
보답하는 것을 이름

糟 糠 之 妻

지게미 **조**	겨 **강**	갈 **지**	아내 **처**
zāo	kāng	zhī	qī

형편이 어려울 때부터 괴로움을 함께 겪은 본처를 일컬음

正 正 堂 堂

바를 **정** zhèng   바를 **정** zhèng   집 **당** táng   집 **당** táng

높이 뛰기
선수로 캥거루
데리고 온 놈 나와!
당당하게 싸워라!
편법 쓰지 말고!

태도나 처지가
바르고 떳떳함을
이르는 말

背恩忘德

등 **배** / bèi   은혜 **은** / ēn   잊을 **망** / wàng   큰 **덕** / dé

남에게 입은 은덕을 저버리고 배신하거나 또는 그런 태도

漸 入 佳 境

점점 **점** jiàn 들 **입** rù 아름다울 **가** jiā 지경 **경** jìng

드라마 횟수가 지날수록 아주 흥미진진하네!

가면 갈수록 경치가 아름다워진다는 뜻으로 일이 점점 더 재미있게 되어 짐

切 齒 腐 心

끊을 **절** qiē　　이 **치** chǐ　　썩을 **부** fǔ　　마음 **심** xīn

사이클 종목 선수인데
실수로 세발자전거를 가져와서
탈락했다나~뭐 했다나

이를 갈고 마음을
썩인다는 뜻으로
대단히 분하게
여기는 마음

絶 體 絶 命

끊을 **절** / jué   몸 **체** / tǐ   끊을 **절** / jué   목숨 **명** / mìng

궁지에 몰려 살아날 길이 없게 된 막다른 처지를 이르는 말

伯 牙 絶 絃

말 **백** / bó 어금니 **아** / yá 끊을 **절** / jué 줄 **현** / xián

이제 들어줄 친구가 없으니 다시는 연주할 일이 없을거야!

자기를 알아주는
절친한 친구의
죽음을
슬퍼한다는 뜻

絶 世 佳 人

 끊을 **절** jué

 인간 **세** shì

 아름다울 **가** jiā

 사람 **인** rén

너... 너무나 아름답소!

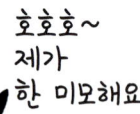 호호호~ 제가 한 미모해요!

세상에 견줄 만한 사람이 없을 정도로 뛰어나게 아름다운 여자

百 人 百 色

일백 **백** bǎi   사람 **인** rén   일백 **백** bǎi   빛 **색** sè

많은 사람들이 저마다 다른 특색이 있음을 이르는 말

轉 禍 爲 福

구를 **전** / zhuǎn 재앙 **화** / huò 할 **위** / wéi 복 **복** / fú

잃어버렸던 말이 친구들을 데리고 돌아왔네!

화가 바뀌어 오히려 복이 된다는 뜻

百 折 不 屈

일백 **백** bǎi   꺾을 **절** zhé   아닐 **불** bù   굽힐 **굴** qū

내가 99번 졌지만
이번엔 달라
이 꽉 깨물어라!
오호~오늘 컨디션
받쳐주는데!

백번 꺾어도
굴하지 않음,
어떤 어려움에도
굽히지 않음

全 知 全 能

온전 **전** / quán   알 **지** / zhī   온전 **전** / quán   능할 **능** / néng

오늘은 사하라 사막에 300mm 정도 비 좀 뿌려볼까나~

어떠한 사물이라도 잘 알고 모든 일을 다 행할 수 있는 신의 능력

百 尺 竿 頭

일백 **백**	자 **척**	낚싯대 **간**	머리 **두**
bǎi	chǐ	gān	tóu

선생님~비밀인데 제가 장대높이뛰기 선수지만 고소공포증이 있어요.

나도 의사인데, 띠만 보면 토해!

백 자나 되는
높은 장대 위에
올라섰으니
위태로움이
극도에 달함

輾 轉 反 側

돌아누울 **전** zhǎn   구를 **전** zhuǎn   돌이킬 **반** fǎn   곁 **측** cè

이리저리 뒤척거린다는 뜻으로, 걱정거리로 마음이 괴로워 잠을 이루지 못함을 뜻함

兵家常事

| 병사 **병** | 집 **가** | 떳떳할 **상** | 일 **사** |
| bīng | jiā | cháng | shì |

나의 짝사랑 42번째가 깨졌다! 흐~~윽 하지만 다시 찾을꺼야!

흔히 있는 일, 또는 실패는 흔히 있는 일이니 낙심할 것 없다는 뜻

戰 戰 兢 兢

싸움 **전** zhàn   싸움 **전** zhàn   떨릴 **긍** jīng   떨릴 **긍** jīng

자기 그림자 밟았다고
화낸다! 무섭다! 무서워!

위기감에 몹시
두려워 떠는 심정을
비유한 말

富 國 强 兵

부자 **부**	나라 **국**	강할 **강**	병사 **병**
fù	guó	qiáng	bīng

나라를 부유하게 만들고 군대를 강하게 함

全心全力

온전 **전**	마음 **심**	온전 **전**	힘 **력**
quán	xīn	quán	lì

온 마음과 온 힘을 한곳에 모아씀을 이르는 말

父爲子綱

아버지 **부** fù　　할 **위** wéi　　아들 **자** zǐ　　벼리 **강** gāng

내 아들이 안마를 해주니~ 몸이 건강해지는 것 같다!

아들은 아버지를
섬기는 것이
근본임을 이른 말로
삼강의 하나

前無後無

앞 **전**	없을 **무**	뒤 **후**	없을 **무**
qián	wú	hòu	wú

올림픽 역사상 처음 있는 일이죠! 육상 5관왕! 대단한 기록입니다!

전에도 없었고 앞으로도 있을 수 없음을 이르는 말

前 代 未 聞

앞 **전**	대신할 **대**	아닐 **미**	들을 **문**
qián	dài	wèi	wén

지난 시대에는 들어 본 적이 없다는 뜻으로 매우 놀랍거나 새로운 일을 이르는 말

父 傳 子 傳

아버지 **부** / fù   전할 **전** / chuán   아들 **자** / zǐ   전할 **전** / chuán

아들의 성격이나 생활 습관 따위가 아버지로부터 대물림된 것처럼 같거나 비슷함

電光石火

번개 **전** diàn   빛 **광** guāng   돌 **석** shí   불 **화** huǒ

훈련을 맹수와 함께 시키는 무식한 코치가 어디있어!

겁나 빠른데! 어~흥

번갯불이나 부싯돌의 불이 번쩍이는 것처럼 극히 짧은 시간을 뜻함

附和雷同

붙을 **부**	화할 **화**	우레 **뇌**	한가지 **동**
fù	hè	léi	tóng

어머 내 말투와 행동이 똑같네!

자신의 뚜렷한 소신 없이 그저 남이 하는 대로 따라가는 것을 의미함

積土成山

쌓을 **적** jī   흙 **토** tǔ   이룰 **성** chéng   뫼 **산** shān

이번 흙은 찰지네! 아주 딱 좋아!

흙이 쌓여 산이 된다는 뜻으로 작은 것도 많이 모이면 크게 된다는 뜻

粉 骨 碎 身

가루 **분** fěn   뼈 **골** gǔ   부술 **쇄** suì   몸 **신** shēn

뼈가 가루가 되고 몸이 부서진다는 뜻으로, 있는 힘을 다해 노력함

適 者 生 存

알맞을 **적** / shì   놈 **자** / zhě   날 **생** / shēng   있을 **존** / cún

정글에서
살아남은 자!
나는야 타아잔!
십원짜리 팬티를
입고 십원짜리
칼을 차고~아~

생존의 경쟁에서
그 환경에 맞는
것만이 살아남고
그렇지 못한 것은
도태된다는 뜻

賊 反 荷 杖

도둑 **적** / zéi
돌이킬 **반** / fǎn
멜 **하** / hé
지팡이 **장** / zhàng

도둑이 도리어 몽둥이를 든다는 뜻으로 잘못한 사람이 도리어 잘한 사람을 나무라는 경우

不可抗力

아닐 **불** / bù   옳을 **가** / kě   겨룰 **항** / kàng   힘 **력** / lì

인간의 힘만으로는 도저히 저항해 볼 수도 없는 힘을 일컫는 말

才 德 兼 備

재주 **재** / cái 큰 **덕** / dé 겸할 **겸** / jiān 갖출 **비** / bèi

태종태세
문단세
예성연중..

왕세자님은 인덕과 지혜와 무를 겸비하여 훌륭한 왕이 될것이옵니다!

재주와 덕행을 함께 갖춤을 이르는 말

不 問 曲 直

아닐 **불**	물을 **문**	굽을 **곡**	곧을 **직**
bú	wèn	qǔ	zhí

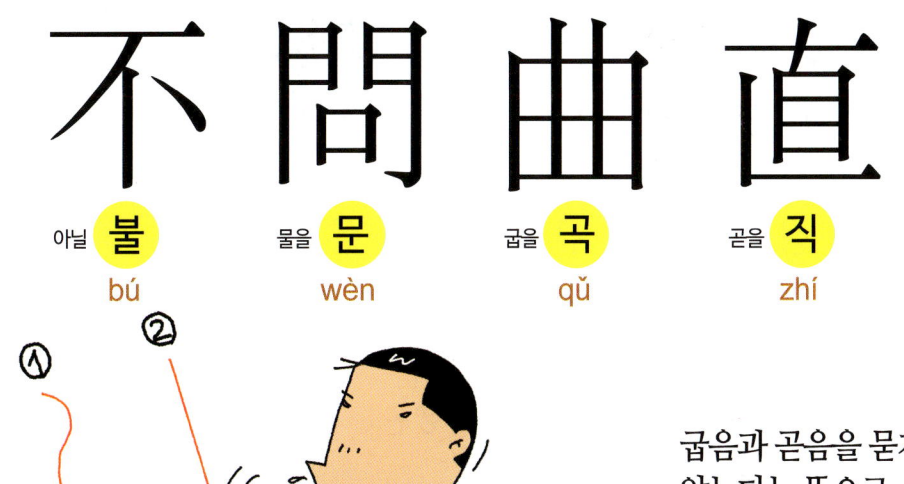

어느 것을 택할까요. 알아맞춰 보세요 딩동댕동~

굽음과 곧음을 묻지 않는다는 뜻으로, 옳고 그름을 가리지 않고 함부로 일을 처리함을 이름

긴 **장** zhǎng   어릴 **유** yòu   있을 **유** yǒu   차례 **서** xù

어른과 어린이 사이에는 순서와 질서가 있음을 뜻하는 말

朋 友 有 信

벗 **붕** / péng 벗 **우** / yǒu 있을 **유** / yǒu 신 **신** / xìn

내 입 안을 청소해 주어 고맙다 친구야!

친구 사이의
도리는 믿음에
있어야 한다는 뜻
오륜의 하나

作 心 三 日

지을 **작** zuò   마음 **심** xīn   석 **삼** sān   날 **일** rì

마음먹은 지 삼일이 못 간다는 뜻으로 결심이 얼마 되지 않아 흐지부지 된다는 뜻

四 面 楚 歌

넉 **사** / sì   낯 **면** / miàn   초나라 **초** / chǔ   노래 **가** / gē

사방에서 한나라 군사들의 노래소리가 들리는구나! 정말 초나라는 가망이 없는 것이냐!

적에게 둘러싸인 상황에서 누구의 도움도 받을 수 없는 고립 상태에 빠짐

自 畫 自 讚

스스로 **자** / 그림 **화** / 스스로 **자** / 기릴 **찬**
zì / huà / zì / zàn

자기가 그린 그림을 스스로 칭찬한다는 뜻으로 자기가 한 일을 자기 스스로 자랑함을 이름

四分五裂

넉 **사**	나눌 **분**	다섯 **오**	찢어질 **열**
sì	fēn	wǔ	liè

뭉치면 살고 흩어지면 죽는다고... 이러면 안된다고!

네 갈래, 다섯 갈래로 나눠지고 찢어진다는 뜻으로, 이리저리 갈기갈기 찢어짐을 말함

自 他 共 認

스스로 **자** zì   다를 **타** tā   한가지 **공** gòng   알 **인** rèn

자기나 남들이
다 같이 인정함을
이르는 말

沙上樓閣

모래 **사** shā 　 윗 **상** shàng 　 다락 **누** lóu 　 집 **각** gé

기초가 약해 무너질
염려가 있을 때나
실현 불가능한 일을
두고 이르는 말

自 中 之 亂

<u>스스로</u> **자** / zì 가운데 **중** / zhōng 갈 **지** / zhī 어지러울 **란** / luàn

같은 편 안에서
싸움이 일어나
어렵게 됨을
이르는 말

死 生 決 斷

죽을 **사** sǐ   날 **생** shēng   결단할 **결** jué   끊을 **단** duàn

죽고 사는 것을 가리지 않고 끝장을 내려고 덤벼듦

自 業 自 得

| 스스로 **자** | 업 **업** | 스스로 **자** | 얻을 **득** |
| zì | yè | zì | dé |

맛있겠당~

크큭~자신의 꼬리로 먹이감을 유혹하려다 자기 꼬리를 물었어!

자기가 저지른 일의 결과를 자기가 받음을 이르는 말

射 石 爲 虎

쏠 **사** shè   돌 **석** shí   할 **위** wéi   범 **호** hǔ

돌을 범인 줄 알고 쏘았더니 돌에 화살이 꽂혔다는 뜻, 성심을 다하면 아니 될 일도 된다는 뜻

自 繩 自 縛

스스로 **자**	노끈 **승**	스스로 **자**	얽을 **박**
zì	shéng	zì	fù

이런 젠장!

자기 줄로 자기를 묶는다는 말로 자기가 자기를 망치게 한다는 뜻

事必歸正

- 일 **사** shì
- 반드시 **필** bì
- 돌아갈 **귀** guī
- 바를 **정** zhèng

어린 시절 돈도 없고 배가 너무 고파서 만두를 훔쳐 먹었습니다. 이제야 그 값을 계산하려고요

감사합니다. 나는 당신의 이런 마음을 가졌다는 것이 더 기뻐요!

모든 일은 결국에 가서는 반드시 바른길로 돌아감을 이르는 말

自 手 成 家

| 스스로 **자** | 손 **수** | 이룰 **성** | 집 **가** |
| zì | shǒu | chéng | jiā |

물려받은 재산이 없이 스스로의 힘으로 사업을 이룩하거나 집안을 일으킴

山 上 垂 訓

메 **산** shān   윗 **상** shàng   드리울 **수** chuí   가르칠 **훈** xùn

예수님이 갈릴리 호숫가에 있는 산 위에서 그리스도인으로서의 덕에 관하여 행한 설교

自激之心

| 스스로 **자** | 격할 **격** | 갈 **지** | 마음 **심** |
| zì | jī | zhī | xīn |

아니야! 내 그림이 아냐! 쓰레기야!

자기가 일을 해놓고 그 일에 대하여 스스로 미흡하게 여기는 마음

山 戰 水 戰

메 **산** / shān   싸움 **전** / zhàn   물 **수** / shuǐ   싸움 **전** / zhàn

내가 인생 3개월 선배로서 얘기하는데~ 쓸데없이 자주 떼쓰면 혼난다구!

세상의 온갖 고난을 다 겪어 세상일에 경험이 많음을 이르는 말

自 家 撞 着

스스로 **자** / zì   집 **가** / jiā   칠 **당** / zhuàng   입을 **착** / zhuó

상남자 어떻고
저쩌고 하더니
이 자식
완죤 여자처럼
머리에 꽃꽂고...
신났다! 신났어!

같은 사람의 말이나
행위가 앞뒤가
맞지 않아 조리에
어긋남을 이르는 말

殺 身 成 仁

죽일 **살** / shā   몸 **신** / shēn   이룰 **성** / chéng   어질 **인** / rén

자신의 몸을 죽여
인을 이룬다는
뜻으로, 자기의
몸을 희생하여 옳은
도리를 행함을 이름

立 身 揚 名

설 **입** / lì   몸 **신** / shēn   날릴 **양** / yáng   이름 **명** / míng

백성이 볼 때
너가 군수인줄
알겠다~
거만한 걸음걸이
똑바로 안하지!

훠이~비켜라
새로 오신 군수님
행차시다!

사회적으로 인정을
받고 출세하여
이름을 세상에
드러냄을 일컫는 말

三 顧 草 廬

석 **삼** / sān   돌아볼 **고** / gù   푸를 **초** / cǎo   농막집 **려** / lú

제가 선생을 찾아온 것이 벌써 세번째입니다. 이제 저의 청을 거둬주세요.

유비가 제갈공명을 세 번 찾아간 데서 유래한 말로, 인재를 들이기 위해 참을성 있게 힘씀

臨 戰 無 退

임할 **임** lín　　싸움 **전** zhàn　　없을 **무** wú　　물러날 **퇴** tuì

오늘 지대루 스텝 좀 밟는데~

넌 오늘 가족에게 기념일 될꺼야!

전쟁에 나아가서 물러서지 않음을 이르는 말

塞翁之馬

변방 **새**	늙은이 **옹**	갈 **지**	말 **마**
sāi	wēng	zhī	mǎ

낙마하여 다친 것을 고맙게 알라구!
곧 전쟁이 시작되는데 덕분에
징병을 피하게 될 거야!

너무...아파!

세상사는 변화가
많아 길흉화복을
예측하기
어렵다는 뜻

臨 機 應 變

임할 **임** / lín　　틀 **기** / jī　　응할 **응** / yìng　　변할 **변** / biàn

고양이? 개? 혹시 까투리?

야옹 야옹... 멍멍... 엉? 까투리 까투리

어느 때 어느 자리에서 뜻밖의 일을 당했을 때 재빨리 그에 알맞게 대처하는 일

先見之明

먼저 **선** xiān   볼 **견** jiàn   갈 **지** zhī   밝을 **명** míng

앞을 내다보는 안목이라는 뜻으로, 미래를 예측하는 날카로운 견식을 두고 이르는 말

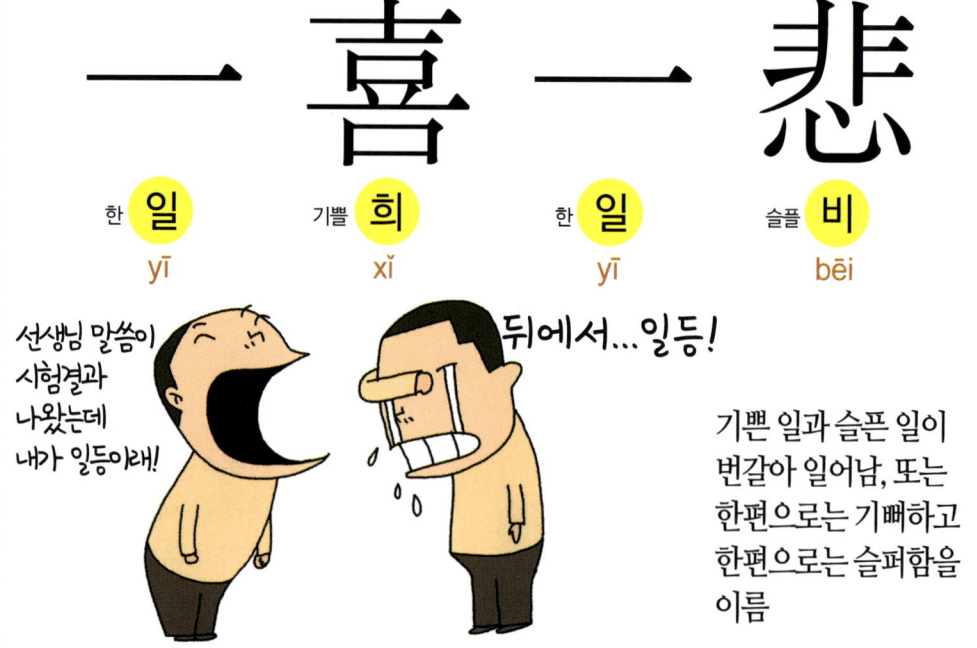

雪上加霜

눈 **설** xuě 　 윗 **상** shàng 　 더할 **가** jiā 　 서리 **상** shuāng

눈 위에 또 서리가 내린다는 뜻으로, 어려운 일이 겹침을 이름

一 波 萬 波

한 **일** yī 물결 **파** bō 일만 **만** wàn 물결 **파** bō

임금님 귀는 당나귀 귀다! 나는 봤다! 사실이다!

한 사건이
그 사건에 그치지
않고 잇달아
많은 사건으로
번짐을 뜻함

小 貪 大 失

작을 **소** xiǎo 탐낼 **탐** tān 큰 **대** dà 잃을 **실** shī

바보! 나 잡으려고 200년 숙성된 된장독을 깨다니 ㅋㅋ~

작은 것을 탐하다가 오히려 큰 것을 잃음을 일컫는 말

一 場 春 夢

| 한 **일** | 마당 **장** | 봄 **춘** | 꿈 **몽** |
| yī | chǎng | chūn | mèng |

봄꿈처럼 헛된
영화나 덧없는
일이란 뜻으로
인생의 허무함을
비유하여 이르는 말

水 魚 之 交

물 **수** shuǐ   물고기 **어** yú   갈 **지** zhī   사귈 **교** jiāo

물과 물고기의 사귐이란 뜻으로, 서로 떨어질 수 없는 친한 사이를 일컫는 말

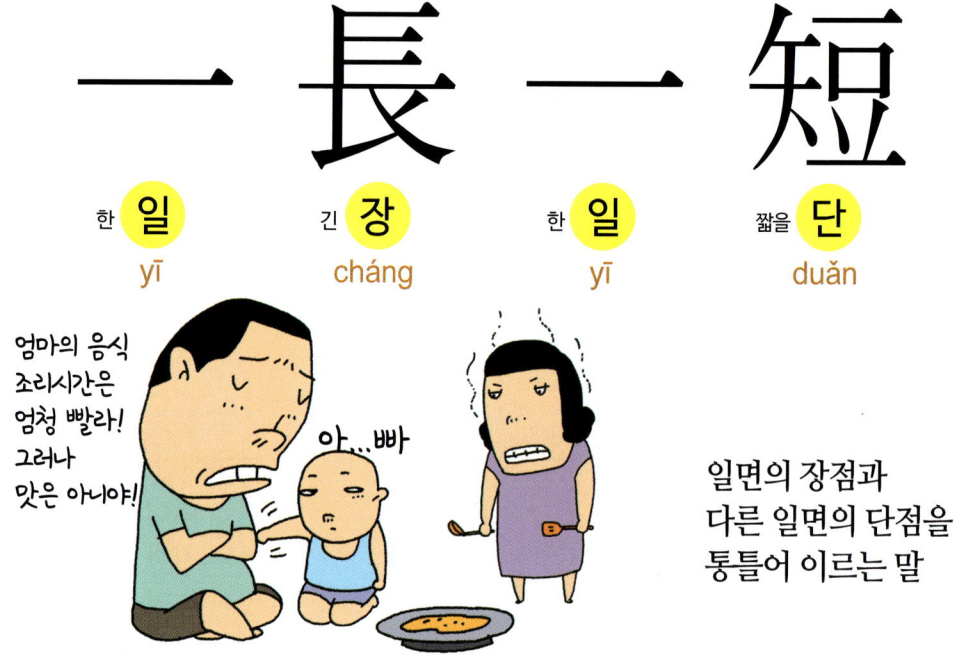

脣亡齒寒

입술 순	망할 망	이 치	찰 한
chún	wáng	chǐ	hán

앞에 돌멩이가 있어 조심하고!

네가 나의 눈이 되어주면 내가 너의 다리가 되어줄게!

입술과 이의 관계처럼 뗄레야 뗄 수 없는 긴밀한 관계

一 石 二 鳥

한 **일** / yī   돌 **석** / shí   두 **이** / èr   새 **조** / niǎo

돌 한 개를 던져
새 두 마리를
잡는다는 뜻으로
동시에 두 가지
이득 봄을 일컫는 말

時 機 尙 早

때 **시** shí   틀 **기** jī   오히려 **상** shàng   이를 **조** zǎo

어떤 일을 하기에 아직 때가 되지 않음을 일컫는 말

一 瀉 千 里

한 **일** / yī 쏟을 **사** / xiè 일천 **천** / qiān 마을 **리** / lǐ

한번에~~~~~쭈욱!

강물이 쏟아져
단번에 천리를
간다는 뜻으로
조금도 거침없이
빨리 진행됨을 이름

是 是 非 非

옳을 **시** shì   옳을 **시** shì   아닐 **비** fēi   아닐 **비** fēi

옳고 그름을 공정하게 판단하기 위하여 따지며 다툼

一絲不亂

^한 **일** yī　　^실 **사** sī　　^{아닐} **불** bú　　^{어지러울} **란** luàn

한 올의 실도
엉키지 않는다는
뜻으로 질서가
정연하여 조금도
흐트러지지
아니함을 이름

識 字 憂 患

| 알 **식** | 글자 **자** | 근심 **우** | 근심 **환** |
| shí | zì | yōu | huàn |

글자를 아는 것이 오히려 근심이 된다는 뜻으로, 차라리 모르는 편이 나을 때를 이름

一 罰 百 戒

한 **일** / yī   벌할 **벌** / fá   일백 **백** / bǎi   경계할 **계** / jiè

한 사람을 벌주어 백 사람을 경계한다는 뜻으로, 본보기로 한 사람을 엄하게 처벌함을 이름

身土不二

몸 **신** / shēn   흙 **토** / tǔ   아닐 **불** / bú   두 **이** / èr

한국 인삼 씨앗을 중국 땅에 심었는데 약효가 없다?

몸과 땅은 하나라는 뜻으로 자기가 사는 땅에서 재배된 것이라야 체질에 잘 맞는다는 뜻

一 目 瞭 然

한 **일**	눈 **목**	밝을 **요**	그럴 **연**
yī	mù	liǎo	rán

한 번 보고 대번에 알 수 있을 만큼 분명하고 뚜렷함

心 機 一 轉

마음 **심** / xīn   틀 **기** / jī   한 **일** / yī   구를 **전** / zhuǎn

아시아 야구 종주국 웃기시네! 잘 봐둬 이 야구장에 한국 깃발을 꽂겠다!

어떤 동기에 의하여 이제까지 가졌던 마음가짐을 버리고 완전히 달라짐

一 脈 相 通

| 한 **일** | 줄기 **맥** | 서로 **상** | 통할 **통** |
| yī | mài | xiāng | tōng |

생각, 성질, 처지 등이 어느 면에서 서로 통하거나 비슷함

深 思 熟 考

깊을 **심** shēn 생각 **사** sī 익을 **숙** shú 생각할 **고** kǎo

신중을 기하여
곰곰이 생각함을
이르는 말

一 口 二 言

한 **일**	입 **구**	두 **이**	말씀 **언**
yī	kǒu	èr	yán

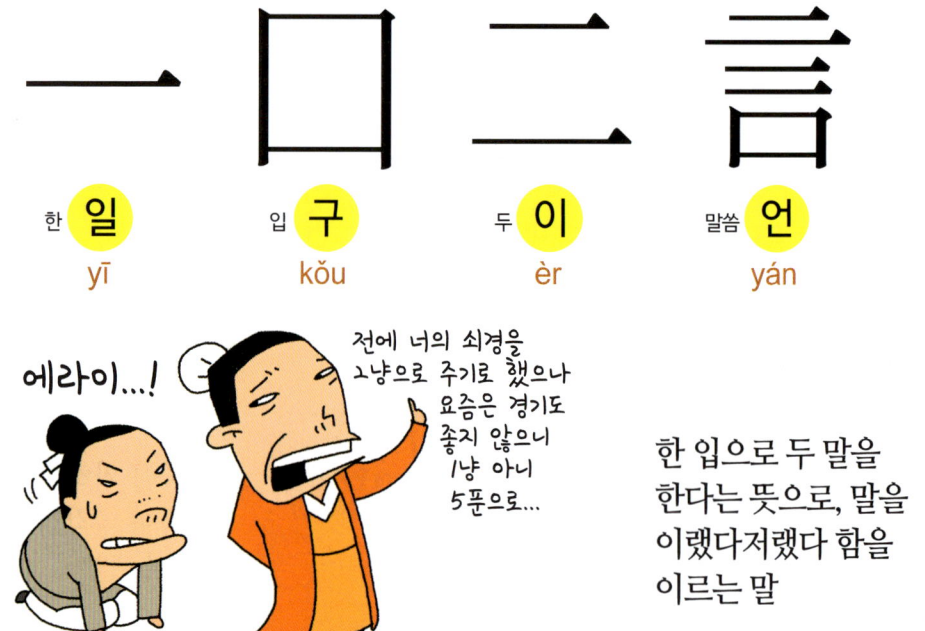

한 입으로 두 말을 한다는 뜻으로, 말을 이랬다저랬다 함을 이르는 말

心 淸 事 達

마음 **심**	맑을 **청**	일 **사**	통달할 **달**
xīn	qīng	shì	dá

마음이 깨끗하고 맑으면 모든 일이 잘 된다는 뜻

一 擧 兩 得

한 **일** / yī   들 **거** / jǔ   둘 **양** / liǎng   얻을 **득** / dé

횡재다!

한 가지의 일로
두 가지의 이익을
보는 것

十 匙 一 飯

| 열 **십** | 숟가락 **시** | 한 **일** | 밥 **반** |
| shí | chí | yī | fàn |

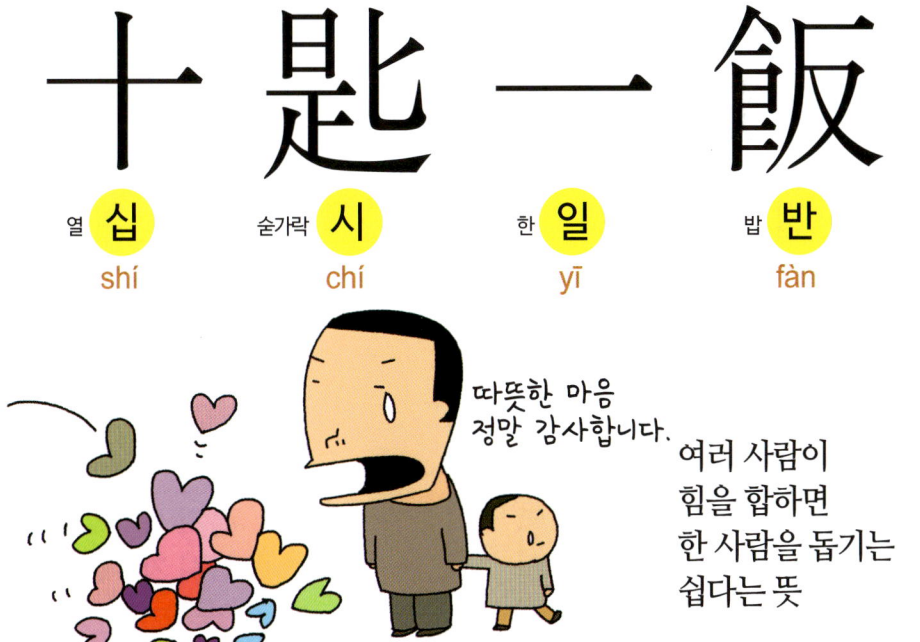

따뜻한 마음 정말 감사합니다.

여러 사람이 힘을 합하면 한 사람을 돕기는 쉽다는 뜻

一刻如三秋

한 **일** / 새길 **각** / 같을 **여** / 석 **삼** / 가을 **추**
yī / kè / rú / sān / qiū

흐...흡...아이구 아버지!

일각이 삼년과 같다는 뜻으로, 몹시 기다려지거나 몹시 지루한 느낌을 이르는 말

阿鼻叫喚

언덕 **아** ā   코 **비** bí   부르짖을 **규** jiào   부를 **환** huàn

여러 사람이
비참한 지경에
처해 그 고통에서
헤어나려는
몸부림을 이르는 말

人 事 不 省

| 사람 **인** | 일 **사** | 아닐 **불** | 살필 **성** |
| rén | shì | bù | xǐng |

사람으로서의 예절을 차릴 줄 모름, 또는 의식을 잃어 사람의 일을 알아차리지 못함

我田引水

가혹할 **아**	거둘 **전**	벨 **인**	구할 **수**
wǒ	tián	yǐn	shuǐ

자기 논에만 물을 끌어넣는다는 뜻으로, 자기 이익만을 먼저 생각하고 행동함

人 面 獸 心

사람 **인**	낯 **면**	짐승 **수**	마음 **심**
rén	miàn	shòu	xīn

이게 본래 나의 모습이야!
나 너무 터프하지!
상남자라니깐!

사람의 얼굴이나 마음은 짐승과 같다는 뜻으로, 마음이나 행동이 몹시 흉악함을 이르는 말

藥房甘草

약 **약**	방 **방**	달 **감**	풀 **초**
yào	fáng	gān	cǎo

아무리 약방의 감초라지만 김밥에 넣기에는 너무 무리인 듯 싶사옵니다! 어마마마!

감초

무슨 일이나
빠짐없이 끼거나
또는 반드시
끼어야 할 사물

耳懸鈴鼻懸鈴

귀 **이**	달 **현**	방울 **령**	코 **비**	달 **현**	방울 **령**
ěr	xuán	líng	bí	xuán	líng

코에다 걸까요?
아니면
귀에다…

어떤 사실이
이렇게도 저렇게도
해석됨을 이르는 말,
귀에 걸면 귀걸이
코에 걸면 코걸이

弱肉强食

약할 **약** ruò   고기 **육** ròu   강할 **강** qiáng   먹을 **식** shí

약한 자는
강한 자에게
먹힘이라는 뜻으로,
생존 경쟁의
살벌함을 말함

利害打算

이할 **이** lì   해할 **해** hài   칠 **타** dǎ   셈 **산** suàn

이해관계를
이모저모 따져
헤아리는 일을
일컫는 말

良禽擇木

어질 **양**	새 **금**	가릴 **택**	나무 **목**
liáng	qín	zé	mù

고맙소!

전하! 신은 전하 같은 주군을 기다려왔사옵니다! 지금부터 신은 주군만을 섬기겠사옵니다!

좋은 새는 나무를 가려서 둥지를 튼다는 뜻, 어진 사람은 훌륭한 임금을 가려서 섬김

泥 田 鬪 狗

진흙 **이** / ní   밭 **전** / tián   싸움 **투** / dòu   개 **구** / gǒu

진탕에서 싸우는 개라는 뜻으로, 자기의 이익을 위하여 비열하게 다툰다는 뜻

梁上君子

들보 **양** liáng   윗 **상** shàng   임금 **군** jūn   아들 **자** zǐ

누가 무식하게 도둑이라고 부르니? 양상군자~라고 부르는 거야!

대들보 위에 있는 군자라는 뜻으로 도둑을 미화하여 점잖게 부르는 말

二律背反

두 **이** èr   법칙 **율** lǜ   등 **배** bèi   돌이킬 **반** fǎn

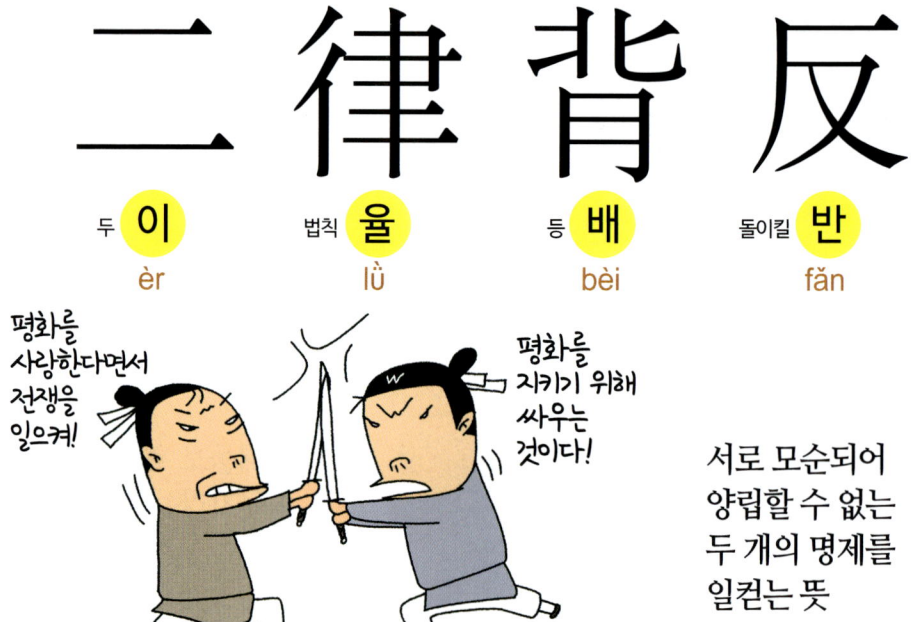

평화를 사랑한다면서 전쟁을 일으켜!

평화를 지키기 위해 싸우는 것이다!

서로 모순되어 양립할 수 없는 두 개의 명제를 일컫는 뜻

養虎遺患

기를 **양**	범 **호**	남길 **유**	근심 **환**
yǎng	hǔ	yí	huàn

아니 이 할아범이! 더럽게 침 튀잖아~ 확 그냥!

어휴~ 귀여운 내 새끼 어를룰룰루~ 까꿍~

범을 길러 화근을 만들다 는 뜻, 걱정거리를 만들어 화를 자초 한다는 뜻

以 熱 治 熱

써 **이** yǐ   더울 **열** rè   다스릴 **치** zhì   더울 **열** rè

열은 열로써
다스린다는 뜻

漁 父 之 利

고기잡을 **어**
yú

아버지 **부**
fù

갈 **지**
zhī

아버지 **리**
lì

두 사람이
이해관계로 싸우는
사이에 엉뚱한
사람이 애쓰지 않고
가로챈 이익을 뜻함

以 心 傳 心

써 **이**	마음 **심**	전할 **전**	마음 **심**
yǐ	xīn	chuán	xīn

말하지 않아도 알아요!

마음과 마음이 통하고, 말을 하지 않아도 의사가 전달됨

語 不 成 說

말씀 어	아닐 불	이룰 성	말씀 설
yǔ	bù	chéng	shuō

말이 일관되지 않고 조금도 이치에 맞지 않음

以 信 稱 義

써 **이** / yǐ　　믿을 **신** / xìn　　일컬을 **칭** / chēng　　옳을 **의** / yì

믿음을
(예수그리스도)
통해서 의롭다
칭함을 받는다는 뜻

焉敢生心

어찌 **언** yān   감히 **감** gǎn   날 **생** shēng   마음 **심** xīn

감히 그런 마음을 품을 수 없음을 이르는 말

異 口 同 聲

- 다를 **이** yì
- 입 **구** kǒu
- 한가지 **동** tóng
- 소리 **성** shēng

너희들 수고했으니 선생님이 한턱 쏜다! 뭐 먹으로 갈까?

치킨이요!

입은 다르지만 하는 말은 같다는 뜻으로, 여러 사람의 말이 한결같음을 이르는 말

言中有骨

말씀 **언**	가운데 **중**	있을 **유**	뼈 **골**
yán	zhōng	yǒu	gǔ

말에 뼈가 있다!

말 속에 뼈가 있다는 뜻으로, 예사로운 표현 속에 만만치 않은 뜻이 들어있음

意 氣 揚 揚

뜻 **의** yì　　기운 **기** qì　　날릴 **양** yáng　　날릴 **양** yáng

목표한 대로
몸무게 30kg 감량!
근육질의 몸을 만들다!

뜻한 바를 이루어
만족한 마음이
얼굴에 나타난 모양

言 行 一 致

말씀 **언** yán　　다닐 **행** xíng　　한 **일** yī　　이를 **치** zhì

모든 것이 사랑으로 이루어집니다. 하지만 잘못을 했을 때 사랑의 매도 꼭 필요한 것이죠!

아얏!

말과 행동이
다르지 않고
하나로 드러남을
일컫는 말

泣 斬 馬 謖

울 **읍** / qì   벨 **참** / zhǎn   말 **마** / mǎ   일어날 **속** / sù

큰 목적을 위하여
사랑하는 신하를
법대로 처단하여
질서를 바로잡음을
이르는 말

如反掌

같을 **여** rú   돌이킬 **반** fǎn   손바닥 **장** zhǎng

니가 날 이기는 것은 일도 아니라고 했다며! 나도 너정도는 일도 아니거든!

넷? 지가요? 언제...

손바닥을 뒤집는 것과 같다는 뜻으로, 일이 매우 쉬움을 이르는 말

隱忍自重

숨을 **은** / yǐn
참을 **인** / rěn
스스로 **자** / zì
무거울 **중** / zhòng

마음속에 감추어
참고 견디면서
몸가짐을 신중하게
행동함

易地思之

바꿀 **역** yì   땅 **지** dì   생각 **사** sī   갈 **지** zhī

상대방의 처지에서 바꾸어 생각함을 일컫는 말

有 志 竟 成

있을 **유** yǒu 뜻 **지** zhì 마침내 **경** jìng 이룰 **성** chéng

뜻을 세우고 노력하면 반드시 이룬다는 뜻

緣 木 求 魚

인연 **연** yuán   나무 **목** mù   구할 **구** qiú   물고기 **어** yú

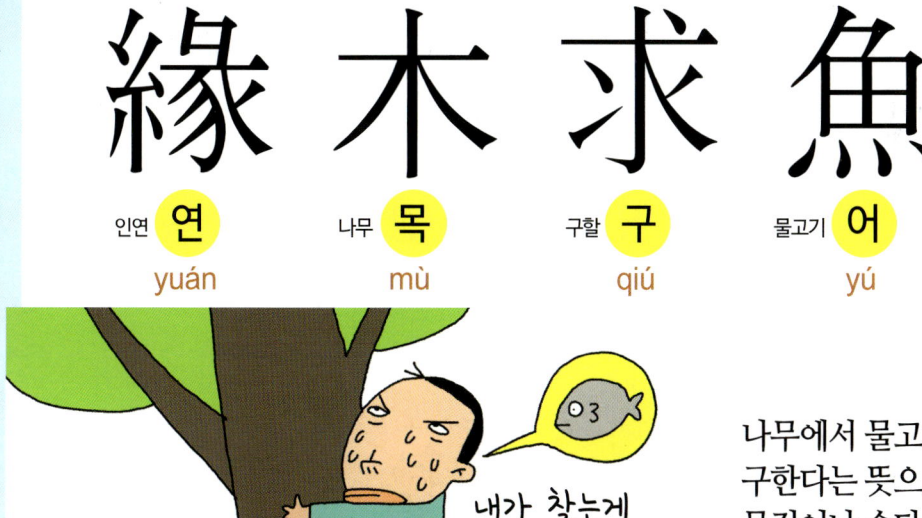

나무에서 물고기를 구한다는 뜻으로, 목적이나 수단이 일치하지 않아 성공이 불가능함

類 類 相 從

| 무리 **유** | 무리 **유** | 서로 **상** | 좇을 **종** |
| lèi | lèi | xiāng | cóng |

야옹이는 가라! 여기는 멍멍이들의 모임이다!

냐~옹

사물은 같은 무리끼리 따르고 같은 사람은 서로 찾아 모인다는 뜻

五 里 霧 中

다섯 **오**	마을 **리**	안개 **무**	가운데 **중**
wǔ	lǐ	wù	zhōng

이거 안개가 너무 짙어 어디가 어딘지 알수없네!

짙은 안개가 5 리나 끼어 있는 속에 있다는 뜻으로 일의 갈피를 잡기 어려움을 이름

流言蜚語

| 흐를 유 | 말씀 언 | 바퀴 비 | 말씀 어 |
| liú | yán | fēi | yǔ |

누가 그러던데 영칠이와 순희가 손잡고 가는 걸 봤데!

오호라 영칠이와 순희가 어깨동무하고 가는 걸 봤다구!

아무 근거 없이 널리 퍼진 소문이나 터무니없이 떠도는 뜬소문

傲慢不遜

거만할 **오** ào / 거만할 **만** màn / 아닐 **불** bú / 겸손할 **손** xùn

내가 이 백화점 vvvvvvip 고객인거 모르지! 너 정도는 바로 모가지 시킬 수 있어~~너!

죄송합니다! 고객님!

잘난 체하고 방자하여 제 멋대로 굴거나 남 앞에 겸손하지 않음

有 備 無 患

있을 **유**	갖출 **비**	없을 **무**	근심 **환**
yǒu	bèi	wú	huàn

독감예방주사를 미리 맞으면 독감에 걸리지 않고 건강하게 보낼 수 있어요!

아프지 않게 놔주세요!

미리 준비가 되어 있으면 우환을 당하지 아니함을 일컫는 말

| 다섯 **오** | 열 **십** | 걸음 **보** | 일백 **백** | 걸음 **보** |
| wǔ | shí | bù | bǎi | bù |

야! 너 부르잖아!

흥! 너거든!

거기 뚱뚱한 여자분~

조금 낫고 못한 차이는 있지만 본질적으로는 차이가 없음을 이르는 말

有口無言

있을 **유**	입 **구**	없을 **무**	말씀 **언**
yǒu	kǒu	wú	yán

학교, 학원 안가고 휴대폰은 받지도 않고 놀다가 휴대폰 박살내고!! 입이 있으면 얘길해봐!

입은 있으나 말을 하지 않는다는 뜻으로 변명할 말이 없거나 변명을 못함

溫 故 知 新

따뜻할 **온** / wēn   연고 **고** / gù   알 **지** / zhī   새 **신** / xīn

동의보감을
현대 의학에
적용하면 더욱
놀라운 치료 효과가
있지 않을까?

옛것을 익히고
그것을 미루어서
새것을 앎을
일컫는 말

威風堂堂

위엄 **위**	바람 **풍**	집 **당**	집 **당**
wēi	fēng	táng	táng

그 점수를 받고도
당당하게 들어오는
저 자신감은
누굴 닮은건지!

풍채나 기세가
위엄이 있고 떳떳함

臥 薪 嘗 膽

누울 **와** / wò
섶 **신** / xīn
맛볼 **상** / cháng
쓸개 **담** / dǎn

다음 알까기에서 반드시 스승님의 치욕을 갚아주겠쓰~으~써!

섶에 누워 쓸개를 씹는다는 뜻으로 원수를 갚으려고 온갖 괴로움을 참고 견딤

牛耳讀經

소 **우** / niú   귀 **이** / ěr   읽을 **독** / dú   글 **경** / jīng

왜적 놈은 소귀에 경 읽기야!
다시는 해적질 하지 말라고
다짐받고 돌려보내 줘도 또 와요!

쇠귀에 경 읽기라는 뜻으로 우둔한 사람은 아무리 가르쳐 주어도 알아듣지 못함을 이름

外 柔 內 剛

| 바깥 **외** | 부드러울 **유** | 안 **내** | 굳셀 **강** |
| wài | róu | nèi | gāng |

겉으로 보기에는 부드러우나 속은 꿋꿋하고 강함을 일컫는 말

優柔不斷

넉넉할 **우**	부드러울 **유**	아닐 **부**	끊을 **단**
yōu	róu	bú	duàn

나는 결정하는 것이 제일 어려워!

결단력이 부족해 망설이기만 하고 딱 자르지 못함

愚公移山

어리석을 **우**	공평할 **공**	옮길 **이**	메 **산**
yú	gōng	yí	shān

기필코 옮기겠어!

남이 보기엔 어리석은 일이나, 한 일을 꾸준하고 열심히 하면 마침내 이뤄낼 수 있다는 뜻

愚問賢答

 어리석을 **우** yú

 물을 **문** wèn

 어질 **현** xián

 대답 **답** dá

어리석은 질문에 대한 현명한 대답을 일컫는 말